민주주의는
만능인가?

민주주의는 만능인가?

2019년 10월 25일 1판 1쇄 펴냄
2019년 11월 05일 1판 2쇄 펴냄

지은이 김영평, 최병선
배수호, 구민교, 이민창, 이혁우, 김서영
펴낸이 이상
펴낸곳 가갸날
주소 경기도 고양시 일산동구 강선로 49 BYC 402호
전화 070.8806.4062
팩스 0303.3443.4062
이메일 gagyapub@naver.com
블로그 blog.naver.com/gagyapub
페이지 www.facebook.com/gagyapub
디자인 강소이
ISBN 979-11-87949-40-4 03300

이 책은 서울대학교 행정대학원 한국행정연구소
연구총서로 발간되었음.

이 도서의 국립중앙도서관 출판시도서목록(CIP)은 서지정보유통지원시스템 홈페이지
(http://www.nl.go.kr/cip.php)와 국가자료공동목록시스템(http://www.nl.go.kr/kolisnet)에서
이용하실 수 있습니다.(CIP제어번호:CIP2019035464)

민주주의는 만능인가

?

김영평 · 최병선
배수호 · 구민교 · 이민창 · 이혁우 · 김서영

가갸날

차례

서론

우리나라 민주주의 길 위의 위험요소들

민주주의는 둑 없이 이리저리 흐르는 시냇물도, 사납게 파도치는 바다도 아니다. 둑 사이로, 제방 사이로 잔잔히 흐르는 강물과 같다. 인류의 긴긴 역사 내내 민주주의에 대한 인간의 열망과 염원은 시냇물처럼 이곳저곳에서 졸졸거리다 잦아지고, 그러다가 어느 순간 봇물이 되어 폭발하기도 하였다. 민중의 걷잡을 수 없는 광기에 휩싸이면서 갑자기 막을 내린 프랑스 혁명이 대표적이다. 민주주의는 그렇게 부침을 거듭해 왔고, 오늘날도 크게 다르지 않다. 근대 민주주의의 원형을 제시한 국가이자 민주주의 원리들을 가장 충실하게 실천하고 있는 미국에서조차 트럼프 대통령이 등장한 이래 민주주의 위기론이 수그러들 줄 모른다.

20세기 후반 전 지구적으로 만발하는 듯 보였던 민주주의는

21세기에 들어서기 무섭게 전반적으로 후퇴 중이다. 영국의 시사주간지《이코노미스트》(*The Economist* 2018. 6. 14일자)가 매년 발표하는 민주주의 지수(Democracy Index)를 보면, 2007–8년의 국제금융위기 이후 민주주의 지수가 12년간 연속 하락한 국가가 무려 89개국에 이르는 반면, 지수가 향상된 국가는 27개국에 불과하다. 민주주의는 왜 이렇게 후퇴를 거듭하는가? 그 특징은 무엇인가?

나라마다 다소간 사정은 다르지만, 동 시사주간지가 분석한 최근의 민주주의 퇴보 현상의 특징은 다음과 같다. 첫째, 국가적 위기 사태에서 국민(투표자)은 조속한 위기극복을 약속하는 카리스마형 지도자에게 표를 몰아준다. 둘째, 이렇게 집권한 지도자는 쉴 새 없이 가상의 적들을 만들어내고 공격한다. 셋째, 집권세력이 가고자 하는 길을 가로막는 독립적인 기관들(특히 사법부와 언론 등)의 발을 묶거나 거세(去勢)한다. 넷째, 언론을 장악해 여론을 조작하거나 선거법의 개정 등을 통해, 국민이 그를 권좌에서 몰아내기 어렵게 만든다. 셋째 단계까지는 겉으로는 민주주의 국가의 모습을 보이지만, 마지막 단계에 이르면 더는 민주주의 국가라고 부를 수 없는 국가로 전락하고 만다.

여기서 우리가 주목할 점은 민주주의의 이런 후퇴과정이 매우 교묘하게, 전략적으로 진행된다는 것이다. 마지막 순간까지 국민이 자기들의 권리가 야금야금 파먹혀 들어가고 있다는 사실을 잘 알아채지 못한다는 것이다. 국가의 노예가 되어 가고 있음에도 불구하고, 자기들이 주인인 것처럼 착각하고, 자기들의 뜻대로 국가를 지배하고 있는 듯이 잘못 믿게 된다는 것이다. 민주주의에 관한 고전 중의 고전인 『미국의 민주주의』를 쓴 토크빌(Alexis de Tocqueville)이 그토록 우려했던 연성(軟性) 독재(soft despotism)의 상태로서, 요즘에는 신형(新型) 독재라고 일컫기도 한다.

왜 국민은 이런 신형 독재자들의 기만에 그렇게도 쉽게 속아 넘어가는 것일까? 이 책의 필자들인 우리는 국민이 민주주의의 기본적인 운영원리를 깊이 이해하지 못하기 때문이라고 본다. 국민이 뜻하고 바라는 것은 무엇이나 옳고, 그것을 추구하는 게 민주주의라고 착각하기 때문이라고 본다. 한마디로 민주주의를 아전인수격으로 해석하기 때문이다.

신형 독재자들이 입에 달고 사는 말이 '국민의 뜻'이고, 민주주의이다. 이들이 이런 말 쓰기를 좋아하는 것은 국민이 이런 말에 잘 속아 넘어가기 때문이다. 이런 말을 앞세우면 국민이 반대하지 못하기 때문이다. 그러나 '국민의 뜻'대로 하는 것, 국민이 이랬으면 혹은 저랬으면 하고 바라고 기대하는 것을 추구하는 것이 민주주의가 아니다. 위험하기 짝이 없는 일이지만, 유감스럽게도 민주주의를 이렇게 생각하는 사람들이 아주 많다. 필경 민주주의 교육이 몹시 부족하고 잘못되었기 때문이다.

결핏하면 '국민의 뜻,' '국민의 뜻' 하며 자신들의 프로그램을 추진해 가는 것은 신형 독재자와 그를 추종하는 무리의 상투수법이다. 그들은 '국민의 뜻'을 내세우며 그들이 원하는 방향으로 국가와 사회의 변혁을 추구한다. 가만히 생각해 보시라. 도대체 무엇이 '국민의 뜻'인가? 국민 한 사람 한 사람마다 생각이 다르고 천차만별인데, 어떻게 '국민의 뜻'이라는 게 있을 수 있겠는가? 설사 그런 것이 있다손 쳐도, 과연 누가 그것을 알거나 알 수 있겠는가? 있기도 어렵고, 알 수도 없는 것이 '국민의 뜻'이다. 이런 뜻에서 이 말은 악용과 남용의 소지와 위험성이 커도 아주 크다. 신형 독재자와 그 무리는 이 말로 국민을 위하는 척하면서 사실은 장기집권의 기반을 다져간다. 이들의 말과 사술(邪術)에 현혹되는 국민은 민주주의 국가의 국민으로서 심각한 자격 미달이다.

참된 민주주의는 '국민의 뜻'이라는 말을 자주 내세우지 않는다. 그때그때의 상황에 따라서, 혹은 시류나 유행에 따라서 이렇게도 저렇게도 변하기 마련인 '국민의 뜻'을 묻고 또 물어서가 아니라, 이미 '국민의 뜻'을 물어서 굳건히 세운 헌법의 테두리 안에서 국가를 운영하고, 이 헌법 체제 안에서 필요한 법을 제정하여 국민의 삶을 이끌어간다. 즉 **참된 민주주의는 '국민의 뜻'이 아니라, 법의 지배 원리의 지배를 따른다.** 철저하게 법의 지배 원리에 따를 때만 국민의 자유와 권리가 최대한으로 보장될 수 있다고 믿기 때문이다. 또 그래야만 모든 국민이 권력의 횡포 아래 속수무책인 상태에 빠지지 않을 수 있다고 믿기 때문이다.

민주주의는 그 자체로 어떤 실체적 목표도 갖고 있지 않다. 굳이 말한다면 그것은 **모든 국민이 각자 자신의 목표를 잘 성취할 수 있도록 돕기 위한 공통의 조건과 여건의 제공**이다. 모든 국민의 자유와 권리의 보장을 민주주의 국가에서 최고의 가치로 여기는 것은 이 때문이다. 국민의 자유와 권리가 보장될 때에만 국민의 창의성이 꽃피고, 도전정신과 실험정신이 진작됨으로써, 개인은 물론이고 사회가 발전할 수 있다는 믿음과 신념 위에 민주주의는 서 있다. 이 사실을 이해하지 못하면 민주주의는 환상에 빠져 표류하게 된다. 필경 엉뚱한 길, 망하는 길로 간다.

"국민의, 국민에 의한, 국민을 위한 정부"라는 링컨의 말을 짧지만 명쾌한 민주주의의 정의(定義)라고 알고 즐겨 사용하는 경향이 있지만, 이 책에서 우리가 맨 먼저 이 말을 문제 삼은 이유가 바로 여기에 있다. 민주주의는 궁극적으로 '국민의 뜻'을 따라가야 하는 것이 맞지만, '국민의 뜻'이라는 것이 도대체 무엇인지를 모르고 또 누구도 알 수도 없다는, 지극히 당연한 전제에서 출발하는 것이 민주주의이다. 따라서 민주주의의 핵심은 누구의 주장에도 치우치지 않고, 자유로운 토론과 비판을 통해서 최대한 정답에 가까운 답을 찾기 위해 따르면 좋은 **합리적인 과정과 절차**로 이해함이 옳다.

민주적인 과정과 절차를 충실하게 따르지 않거나 따르는 시늉만 하고서, '국민의 뜻'임을 내세워 자기들이 원하는 일을 밀어붙이려고 한다면, 이는 명백히 반민주적이다. 오늘날 이런 반민주적인 일들이 얼마나 많은가? 3권이 분립되고, 국민의 대의기구로서 국회가 있는 나라에서 사회적 대타협이니, 공론화위원회니 하는 것들이 도대체 왜 필요하다는 말인가? 이런 것들이 꼭 필요하다면 왜 다른 선진 민주주의 국가들에서는 이런 예를 찾아보기 어려울까? 직접민주주의가 대의민주주의보다 낫다는 환상을 일으키며 대중동원에 치중하고 원초적인 국민감정에 호소하는 일은 또 얼마나 많은가? 민주주의를 지키는 최후의 보루인 사법부의 독립성과 정치적 중립성을 무슨 이유로 인들 훼손할 수 있다는 말인가?

민주주의의 핵심이 합리적 과정과 절차라고 한다면, 민주적 제도와 절차에서 핵심은 견제와 균형(check and balance)이다. 어떤 일방의 세력도 '국민의 뜻'을 앞세워 독단하거나 전횡하지 못하도록 하려고 만든 제도가 민주주의이다. 그러므로 민주주의 국가에서 모든 일은 점진적으로 이루어지고, 또 매우 느리게 진행된다. **견제와 균형의 원리, 법의 지배의 원리, 이것이 민주주의를 지키는 든든한 둑이고 제방이다. 이 둑과 제방이 무너지고 힘을 잃으면 민주주의는 허물어지고 만다.**

즉 3권분립 등을 통한 견제와 균형의 원리, 그리고 법의 지배의 원리가 제대로 작동하지 않으면, 언론을 포함하여 이 원리를 담보하는 기관들이 제 역할을 다하지 못하면, 민주주의는 허망하게 무너진다. 입법, 행정, 사법의 3부로 나뉜 권력이 서로 견제하지 않으면, 언론을 통한 토론과 비판이 힘을 발휘하지 못하면, 국민의 자유와 권리를 지켜야 할 법이 국민의 자유와 권리를 억제하는 수단과 방편으로 전락하면, 민주주의는 국민을 가난과 불행으로 끌고 가는 급행열차가 될 수 있다.

요컨대 민주주의는 만능이 아니다. 민주주의는 그 무엇도 보장해 주지 않는다. 인간이 인간으로서 누려야 할 가장 기본적인 가치, 즉 자유와 권리의 보장을 위해 인류가 지금까지 찾아오고 실험해 온 여러 정치체제 중 가장 낫다고, 국민의 자유와 권리를 지켜주고 보호해 줄 가능성이 가장 크다고 알려진—그러나 아직도 최종판정은 내려지지 않은—정치체제가 민주주의이다. 하지만 민주주의를 하면 (민주주의가 추구하는 최고의 가치인) 국민의 자유와 권리만큼은 확실하게 지켜지는가? 불행히도 역사의 대답은 이마저도 "아니올시다"이다. 민주주의 국가라고 하면서 국민을 탄압하는 나라, 법의 이름으로 무고한 사람들을 사지로 몰아넣는 나라가 지금도 지구상에 얼마나 많은가? 이것이 민주주의의 실상이다.

미국 등 소수의 선진국을 제외하면 오늘날 대부분의 민주주의 국가들은 소위 민주주의 적자(democratic deficit)에 시달리고

루마니아 수도 부쿠레시티 거리에 등장한 그래피티.
나치의 하켄크로이츠와 소련의 상징을 쓰레기통에 버리고 있다.

있다. 민주적 선거제도는 대체로 유지되고 있지만, 권력분립이나 상호견제와 균형의 원리가 올바로 작동하지 않고, 언론의 자유가 불충분하며, 국가의 중요 의사결정 과정에 대한 참여나 정보의 투명성 등이 미흡하다. 여러 측면에서 민주주의의 기본 원리나 조건들이 잘 갖추어져 있다고 보기 어렵다. 그러나 모든 것이 어찌 하루아침에 이루어지기를 바랄 수 있으랴? 민주주의를 향한 뜻만 굳건하고, 민주주의의 원칙을 지키려는 마음을 갖고 꾸준히 전진하다 보면, 민주주의가 꽃을 피울 날이 언젠가 오지 않겠는가? 이런 면에서 차라리 이런 나라들은 희망이 있고 장래가 있다. 과유불급(過猶不及), 지나침은 모자람만 못하다 했던가? 민주주의 적자보다도 오늘날 민주주의에 대한 더 큰 위협은 전혀 다른 방면에서 제기되고 있다. 소위 민주주의의 과잉이다.

우리는 때로 강물이 시냇물처럼 조용하기를, 또 때로는 파도치는 바다처럼 시원시원하기를 바라지만, 강물은 잔잔히 흘러가야 강물이다. 강물이 도도하게 흐르게 하려면, 둑이 든든해야 한다. 하늘 무서운 줄 모르는 인간의 교만과 끝을 모르는 욕구의 소용돌이를 막는 둑과 제방이 튼튼히 버티어주지 않으면, 민주주의의 제방은 무너지고, 인간의 욕망은 노도(怒濤)가 되고 급기야 홍수가 난다. 이것이 민주주의의 과잉이다.

“민주주의는 군사 쿠데타 등에 의해서만 무너지지 않는다. 민주적으로 선출된 지도자들에 의해서도 무너진다. 자기들이 권좌에 오를 수 있도록 만든 바로 그 과정을 전복시킴으로써 말이다. 이들은, 1933년 히틀러가 그러했듯이, 빠른 속도로 민주주의를 무너뜨리기도 한다.(p.3)

주기적으로 선거를 치르고, 헌법 및 여타 공식적인 민주제도들이 제자리에 놓여 있을지라도, 선출된 독재자들(elected autocrats)은 민주주의의 허울(veneer)은 유지하면서 그것의 실질(substance)은 도려내 버린다. 이들이 민주주의의 전복을 위해 사용하는 수단들은 하나같이 합법을 가장한다. 의회가 승인하고 사법부가 수용하였다는 의미에서 말이다. 심지어 민주주의를 더 낫게 만들기 위한 노력인 양 비추어지기도 한다. 흔히 사법부를 더 효율적으로 만든다거나 부정부패를 없앤다거나 선거제도를 더 공명하게 만든다는 등의 명분이 동원된다. 이때 언론은 살아 있으되 매수되거나 (정권의 눈치를 보며) 자체검열에 나선다. 시민들은 예전처럼 정부를 비판할 수 있지만, 어느 날 갑자기 세금을 두들겨 맞거나 피소된 자신을 발견하게 된다. 사태가 이쯤에 이르면 국민은 혼란에 빠지기 시작한다. 도대체 무슨 일이 벌어지고 있는지 금방 눈치를 채지 못한다. 많은 국민이 자기가 아직도 민주주의 아래서 살고 있다고 착각한다.(p.5)

민주주의 제도만으로 선출된 독재자들의 이런 횡포를 막아

| 2016년 미국 대통령 선거에서 유세중인 도널드 트럼프.

내기는 충분하지 않다. 헌법은 정당이나 잘 조직된 시민의 힘에 의해서만이 아니라, 민주적 규범(democratic norms)으로 방어되어야만 한다. 이 규범들—즉, 상대정당을 정당한 경쟁자로 인정하는 상호관용(mutual toleration)의 규범, 그리고 정치인은 제도적으로 허용되는 무기일지라도 사용을 자제하고 인내할 줄 알아야 한다는 제도적 자제(institutional forbearance)라는 규범(p.8)—이 확고하게 자리 잡고 또 발휘되지 않으면, 헌법에 규정된 견제와 균형의 원리는 우리가 기대하는 만큼의 민주주의의 보루 구실을 하지 못한다.

제도는 (되려) 정치적 무기가 된다. 제도에 대한 통제력을 가진 위정자들이 그렇지 않은 사람들을 대상으로 강력하게 휘두를 수 있는 무기가 바로 제도이다. 선출된 독재자들은 이 제도를 이용해 언론과 기업을 길들이고, 자기편에 유리하게 정치의 규칙을 고쳐 쓴다. 이 속에서 민주주의는 야금야금, 알 듯 모를 듯이, 심지어 법적으로 죽어간다. 민주주의의 암살범들은 이처럼 민주주의를 죽이는 일에 민주주의 제도를 이용한다. 민주적 선거를 통해서 가는 권위주의로의 길(electoral route to authoritarianism)은 민주주의와 관련한 역설 중 가장 비극적인 역설이다.(p.7)"

위의 긴 인용문은 2018년 하버드대 정치학 교수인 레비츠키(Steven Levitsky)와 지브래트(Daniel Ziblatt)가 함께 쓴 『민주주의는 어떻게 죽나?(*How Democracies Die?*)』라는 책의 서문을 간추린 것이다. 아마존의 정치 분야 베스트셀러에 이름을 올리기도 한 이 책은 트럼프 대통령의 등장을 미국 민주주의의 심각한 위협으로 간주하면서, 민주주의가 죽는 일은 후진국에서만의 일이 아니라고, 미국도 예외가 아니라고 주장한다. 어떤가? 이 글을 읽으면서 이것이 미국만의 얘기라고 생각하는가? 혹시 우리나라의 작금의 민주주의의 실상을 보고 있는 느낌은 들지 않는가? 우리나라의 민주주의는 지금 어디쯤 가고 있다고 보는가?

앞에서도 언급한 이유로 이 책은 "국민의, 국민에 의한, 국민을 위한 정부"가 민주주의 정부인가에 대한 비판(제1장)으로 출발한다. 미국인들이 역대 대통령 중 최고라며 자랑스럽게 생각하는 링컨 대통령의 유명한 말이지만, 우리는 이 말이 민주주의에 대한 정의로서 적절치 않거니와 오용과 악용의 위험이 도사리고 있다는 사실을 지적한다. 우리가 링컨 대통령을 기억하고 존경할 만한 이유는 여기에 있지 않다. 〈자기지배의 원리가 민주주의 원리로 타당한가?〉(제2장)도 마찬가지다. 초중등 교과서가 마치 자기지배가 민주주의의 기본속성인 것처럼 소개하고 있는 현실에 주목하여, 민주주의는 자기지배와는 아무 관계가 없다는 점을 분명히 밝힌다.

이어서 우리는 민주주의의 가장 기본적인 운영원리로서 법의 지배 원리(제3장)와 권력의 분립(제4장)을 설명한다. 또한 법의 지배와 긴밀히 연관되는 주제인 〈사법부, 선출되지 않은 권력?〉(제5장)에서 사법부가 선출직으로 충원되어서는 안되는 이유를 제시하고 있다. 〈정당이 있어야 민주주의 국가인가?〉(제6장)와 〈지방자치는 민주주의에 필수적인가?〉(제7장)는 민주주의 국가 제도의 전형인 정당제도와 지방자치제도가 민주주의와 어떤 관계에 있는지를 서술한다.

〈민주주의는 어떻게 평등을 실현하는가?〉(제8장)는 민주주의가 자유를 최우선 가치로 삼고 있는 것은 분명하지만, 사실상 평등의 실현에 가장 크게 기여할 수 있는 체제라는 사실을 강조한다. 다시 말해 평등의 실현을 위해 사회주의나 공산주의에 기웃거릴 이유가 없다는 점을 부각하고자 한다. 〈복지국가는 민주주의의 이상향인가?〉(제9장)는 이 책에서 다루고 있는 주제 중 아마도 가장 혼란이 크고 논란이 많은 주제일 것이다. 정도와 수준은 다르지만, 오늘날 모든 민주주의 국가가 복지국가를 지향하고 있는 것이 사실이기 때문이다. 그러나 필자들은 복지국가가 민주주의 국가의 이상향이 아닐뿐더러, 복지국가라는 이상을 향해 돌진하다 보면 무수한 복병(伏兵)을 만나게 될 것이고, 그 가운데 가장 무서운 복병은 국가주의, 전체주의임을 경고한다.

이어지는 〈포퓰리즘, 왜 무서운가?〉(제10장)와 〈관료의 권력, 왜 팽창하는가?〉(제11장)는 복지국가 논의의 연장이라고 해도 과언이 아니다. 전자에서는 복지국가를 지향하는 민주주의 국가의 정치가 왜 구조적으로 포퓰리즘에 취약하고, 포퓰리즘에 짙게 물들어가고 있는지 그 이유를 밝히면서, 포퓰리즘이야말로 민주주의 국가가 가장 경계해야 할 대상임을 강조한다. 후자에서는 민주주의 국가에서 '국민의 뜻' 혹은 공익의 해석이 상당 부분 행정부 관료들의 손에서 이루어질 수밖에 없는 현실적인 이유를 거론하면서, 복지국가가 행정국가로 갈 수밖에 없는 이유를 설명한다. 〈정책은 여론을 따라가야 하는가?〉(제12장)는 포퓰리즘과 연관된 주제이다. 민주주의 국가에서 여론의 위치를 어디에 세우고 얼마만큼의 비중을 두어야 하는지에 대한 황금비율은 없으며, "정책은 여론을 따라야만 한다"는 점을 유독 강조할 때야말로 경계심을 갖고 세심한 주의를 기울여야 할 시점임을 지적한다.

다음으로 〈더 많이 참여할수록 민주주의는 더 잘 기능할까?〉(제13장)에서는 민주주의 국가에서 참여가 가진 이율배반적인 측면을 논한다. 참여가 클수록 더 민주적으로 운영될 수 있는 측면이 있지만, 그만큼 국가의사 결정을 어렵게 만들기 때문에 참여는 제한적일 수밖에 없다. 또한 그것이 반드시 나쁜 것만도 아니다. 〈직접민주주의가 더 나은 민주주의인가?〉(제14장)

는 직접민주주의가 여론의 조작에 매우 취약해 오히려 반민주주의로 갈 공산이 더 크다는 점을 지적한다. 오늘날 많은 사람이 막연히, 특히 급속한 정보통신혁명에 힘입어 직접민주주의의 가능성이 과거 어느 때보다 높아진 현실을 부각시키며 직접민주주의가 대의민주주의보다 우월한 제도인 것처럼 오도하는 경향이 있으나, 현실은 그렇지 않다.

〈다수결은 무조건 정당한 선택방법인가?〉(제15장)는 직접민주주의 논의와 직결되는 주제이다. 다수결은 이성적 노력을 다하고도 그럴듯한 해법을 찾지 못했을 때, 결정 참여자들 중 다수의 지지를 받는 방안을 잠정적으로 더 그럴듯한 방안으로 받아들이기 위한 편법에 불과하다. 다수결에서 더 중요한 요소는 비판과 토론 과정의 존재 여부이다. 공산주의 국가에서 흔히 보듯이 다수결의 오용과 악용의 위험성에 더 큰 관심을 가질 필요가 있다.

이어지는 〈민주정부의 정책결정은 무엇이든 투명하게 공개되어야 하나?〉(제16장)에서의 논의와 결론은 제13장과 유사하다. 질문에 대한 즉답은 "아니오"이지만, 각각의 경우 시비를 가리기 위한 논의는 그리 간단하지 않다.

〈시민단체는 정말 시민을 위한 단체인가?〉(제17장)는 오늘날 시민단체를 표방하는 단체가 수두룩하지만, 이들이 과연 시민단체 혹은 공익단체라고 불릴 수 있는지 심각한 의문을 제기한다. 이들도 이익단체의 속성에서 벗어날 수 없다는 것이 필자들의 지적이다. 〈민주주의 국가는 왜 갈등을 당연시하며 관리대상으로 보는가?〉(제18장)는 전체주의 국가들이 하나같이 사회의 갈등을 숨기거나 억누르는 데 비해, 민주주의 국가들은 갈등의 표출을 긍정적으로 보고, 갈등을 민주적으로 관리해 나간다는 점을 강조한다. 갈등 해결을 위한 민주적 과정과 절차를 중시하는 데서 민주주의의 장점과 강점이 가장 잘 드러난다고 본다.

끝으로 〈민주주의의 성숙을 위한 문화적 기반은?〉(제19장)은 민주주의가 권력의 분립, 견제와 균형의 원리라는 제도만으로 충분하지 않다는 사실을 지적한다. 민주주의의 성숙을 위해서는 나와 다른 의견에 대한 관용, 그리고 공익을 중시하는 시민정신과 문화 등이 수반되지 않으면 안된다.

이상과 같은 논의 위에서 이 책은 '민주주의는 만능이 아니다'는 진리를 독자들에게 상기시킨다. 세상에 완전한 제도가 있을 수 있겠는가? 민주주의도 예외가 아니다. 하지만 민주주의는 지금껏 인류가 찾아낸 제도 중 가장 뛰어난 제도로서, 이보다 국민의 자유와 권리를 잘 보장하고 지켜줄 수 있는 제도는 없다는 사실을 잊어서는 안된다. 이 점을 망각하고, 아이러니컬하게도 민주주의의 이름으로 민주주의를 망가뜨리고 파괴하는 우는 범해서는 안된다.

2014년 무렵이었다. 대표 집필자인 김영평과 최병선은 늘 그랬듯이, 만나면 이런저런 세태를 이야기하고, 그러다가 우리 사회에 민주주의에 대한 오해가 널리 퍼져 있다는 지적에 맞장구를 쳤다. 누가 먼저랄 것 없이 민주주의에 관한 원론적인 얘기들을 쉽게 풀이한 책을 펴내 널리 읽게 하면 좋겠다는 제안에 의기투합하였다. 하지만 난감하였다. 김영평은 정년퇴임한 지 몇 해가 지났고, 최병선은 불과 몇 년을 앞에 둔 처지였다. 둘이 감당하기는 너무 벅찬 일인지라, 제자들을 끌어들이자는 꾀를 냈다. 그해 여름 김영평이 배수호 교수를, 최병선이 구민교, 이민창, 이혁우 교수와 조교인 김서영(2019년 플로리다 주립대학에서 박사학위 취득)을 포섭하여 민사모(민주주의를 사랑하는 모임)를 꾸렸다. 2016년 여름까지 민사모는 15차례 넘게 모임을 계속하면서 50개의 세부주제를 정하고 원고 집필을 분담하였다. 그리고 난상토론을 거듭해 가면서 집필한 원고의 수정 작업을 진행하였다.

그러던 중 박근혜 대통령 탄핵사태가 발생하였다. 이즈음이었던가? 민사모 모임도 긴 동면(冬眠)에서 깨어날 줄 몰랐다. 이 나라의 민주주의에 대해 도대체 무슨 말을 해야 하고, 무슨 말을 할 수 있는지 확신할 수 없었다. 민주주의에 대한 절대적 신되는 사그라들기만 했다. 그래저래 작업은 잠복기에 들어갔다.

2018년 봄의 일이다. 대표 집필자 두 사람은 후속 작업을 두 사람이 도맡아 진행하기로 방침을 수정하였다. 우선 책의 내용과 분량이 불필요하게 방대해져 초점이 흐려질 우려가 있다는 데 의견을 모으고, 50개의 세부주제 중 20개 정도만을 추려내 1차로 작업을 진행하기로 하였다. 또 작업방식은 두 사람이 나누어 기존 원고를 대폭 수정한 다음 돌려가며 계속 수정하고 보완하는 방식으로 마무리하기로 하였다. 초기에는 최병선의 후임 조교인 김성현의 적극적인 도움을 받았으나, 그가 국방연구원 연구원이 되어 떠난 이후에는 전적으로 대표집필자 두 사람의 일이 되었다. 두 사람 간에도 의견이 일치하지 않는 부분들이 있어 옥신각신하는 때가 없지 않았다. 기본적인 생각은 별반 다르지 않건만, 서로 선호하는 논리전개의 방식이 다르고, 특히 문체가 꽤 달라서 고집싸움을 벌이기도 하였다. 그러는 사이 시간은 자꾸만 흘러갔다. 아마도 지금껏 들인 모두의 노력을 헛수고로 만들 수는 없다는 생각이 아니었으면, 이 책은 빛을 보지 못했을 것이다.

이 책은 우리나라의 민주주의를 둘러싼 수많은 논란거리 모두에 답을 제시하려는 게 아니다. 민주주의가 도대체 무엇이고, 우리가 민주주의를 올바로 이해하는 일이 왜 그리고 얼마나 시급하고 중요한 일인지를 널리 인식시키는 데 중점을 두었다. 초중등학교 교과서에 실린 기초적인 민주주의 소개 내용에조차 상상할 수 없을 만큼 오류가 많고, 그것들을 바로잡을 기회도 거의 없는 형편이다. 이런 환경 속에 있는 국민과 청소년들에게 민주주의를 올바로 이해할 수 있는 기회 하나를 제공하겠다는 뜻이 컸다. 이 땅의 행정학자로서 우리의 민주주의 현실에 대하여 입을 다물고 있는 것이 당당하지 못하다는 생각도 한몫하였다.

앞서 언급하였지만, 이 책은 민주주의와 관련한 핵심 주제를 먼저 선별한 후에 각 주제별로 내용을 기술하고 있다. 따라서 몇몇 주제에서는 일부 비슷한 내용이 반복해 나타나는 경우가 더러 있다. 이 책의 각각의 장은 민주주의와 관련한 개별 주제에 대한 소고에 해당한다. 따라서 굳이 목차를 따라 읽을 이유와 필요는 없다. 독자가 편리한 대로 장들을 선택해 가며 읽어나가도 좋다.

"자유를 누릴 줄 아는 것보다 더 경탄을 자아내는 일은 없다. 그러나 자유를 올바로 사용하는 법을 배우는 일보다 더 어려운 일은 없다." 토크빌의 말이다. 어느 모로 보나 부족하지만, 우리가 민주주의를 어떻게 이해하고 사용해야 하는지 필진들의 생각과 조언을 모은 것이 이 조그만 책이다.

미국 제2대 대통령 애덤스(John Adams)는 "민주주의는 영속되는 법이 없다. 곧 쇠퇴하고, 탈진하고, 자살한다. 이제껏 자살하지 않은 민주주의는 없다"고 말하였다. 소름이 돋는 말이다. 우리 국민이 이 명언을 기억하기를 바라는 마음으로, 민주주의를 잘못 사용하는 나머지 민주주의가 자살하도록 만드는 일이 생기지 않게끔 경종을 울려 보려는 뜻에서 이 책을 세상에 내놓는다. 필자들의 이런 간절한 소망이 헛되지 않기를 바랄 뿐이다.

1

“국민의, 국민에 의한, 국민을 위한 정부”가 과연 민주주의 정부인가?

오늘날 “국민의, 국민에 의한, 국민을 위한 정부(government of the people, by the people, for the people)”만큼 민주주의를 대변하는 말로 유명해진 말은 없다. 이 말은 미국의 제16대 대통령 링컨(Abraham Lincoln)이 1863년 11월 19일, 남북전쟁 전사자들에게 바친 짤막한 추도 연설의 한 대목이다. 훗날 게티즈버그 연설로 명명된 이 연설에서 링컨은 “전사자들이 다 이루지 못한 과업은 이제 살아남은 자들의 몫으로 넘겨졌으며, 이들 살아남은 자들의 헌신이 이어진다면 ‘국민의, 국민에 의한, 국민을 위한 정부’는 결코 지상(地上)에서 사라지지 않을 것”이라고 말했다. 여기서 우리는 링컨의 머릿속에 민주주의 정부는 곧 “국민의, 국민에 의한, 국민을 위한 정부”라고 정리되어 있었음을 추측해 볼 수 있다. 아무튼 이 표현이 이후 민주주의의 대표적인 개념과 정의(definition)로 널리 사용되고 있는 것은 주지의 사실이다. 이 정의는 과연 민주주의에 대한 정의로서 옳고 적절한가? 많은 의문이 있다.

첫째, 이 표현에는 민주주의의 핵심인 '제한적 정부'(limited government)의 의미가 들어 있지 않다. 민주주의의 근본은 국민의 자유와 권리의 보호에 있다. **국민의 자유와 권리의 보장은 필연적으로 국가권력(political power)의 행사에 대한 일정한 제한을 요구한다.** 국가권력이 임의로, 자의적으로 행사되는 한, 개인의 자유와 권리는 온전히 지켜질 수 없기 때문이다. 민주주의 정부라면 반드시 법의 지배(rule of law) 원리에 따라야 한다고 말하는 이유, 또 국가권력은 법으로 정한 원칙과 테두리 내로 엄격히 제한되어야 한다고 주장하는 이유가 바로 여기에 있다. 그런데 "국민의, 국민에 의한, 국민을 위한 정부"라는 표현은 자칫 국민이 원하는 것이라면 또는 국민을 위한 것이라 여겨지는 것이라면, 그 무엇이든 그것의 실현을 위해 국가권력이 무제한 행사될 수 있고, 행사되어도 좋다는 의미로 새겨질 위험성이 높다.

북한을 비롯한 공산권 국가들은 자신들의 체제를 언제나 민주주의라고 호도해 왔다. 국가권력에 의해 개인의 자유와 권리가 강탈되고 법의 지배원리는 애당초 존재하지도 않는 이런 나라들이 결코 민주주의 국가일 수는 없다. 하지만 북한은 인민이 주인이고, 인민에 의해 지배되며, 인민을 위한 국가가 북한이므로 민주주의 국가로서 손색이 없다는 듯, 아니 북한이 진짜 민주주의 국가라는 듯 "조선민주주의 인민공화국"이라는 명칭을 쓰고 있다. 민주주의의 개념과 정의가 얼마나 오용의 소지가 크고 실제로 오염되어 있는지를 잘 보여주는 사례가 아닐 수 없다.

자유는 본래 적극적으로 보장되는 그런 가치가 아니다. 자유는 타자에 의한 침해나 강탈의 가능성을 제거함으로써 보장되는 것이다. 그런 의미에서 자유는 소극적 가치(negative value)의 전형이다. 자유에 대한 제한이 필요한 경우라면 반드시 일정한 조건과 원칙에 따라, 또 사전에 정해진 규칙과 절차를 준수하지 않으면 안되도록 엄격히 규정하는 이유가 바로 여기에 있다. 그렇지 않으면 자유는 얼마든지 유린될 수 있기 때문이다. 그런데 명색이 민주주의 국가라 하여, 다수 국민 또는 전체 인민의 이름으로 국가권력의 무제한적이고 무분별한 행사를 허용한다면 소수 국민 또는 개인의 자유가 침해될 가능성은 무제한으로 열려 있는 셈이다. 이렇듯 다수의 의사가 소수의 자유를 간단히 짓밟고 넘어갈 수 있도록 허용해 준다면, 또 소수의 의사는 간단히 묵살하고 넘어갈 수 있도록 허용한다면, 이는 민주주의 국가가 아니다. "국민의, 국민에 의한, 국민을 위한 정부"라는 표현 속에는 개인의 자유와 권리의 보장을 위한 대전제인 '제한적 정부' 원리의 취지가 분명하게 들어가 있다

게티즈버그에서 남북전쟁 전사자들을 위한 추도 연설을 하고 있는 링컨 대통령.

고 보기 어렵다.

주지하듯이, 개인의 자유와 권리를 보장하는 고전적 원리이자 전통적 방법으로서 몽테스키외(Montesquieu)가 주장한 권력분립(separation of power)의 원리보다 나은 것을 찾기 어렵다. 권력의 어느 한편도 자의(恣意)나 독단에 빠지지 못하게 막는 최선의 방법이자 최후의 보루로서 견제와 균형의 원리(principle of check and balance)만한 것이 없다. 이런 원리들이 굳건히 지켜지지 않으면 그 정부는 진정한 민주주의 정부라고 부르기 어렵다.

둘째, 민주주의 정부는 "국민의, 국민에 의한, 국민을 위한 정부"라는 정의에서 가장 중요하고 핵심적인 부분은 아마도 '국민에 의한'일 것이다. '국민에 의한 정부'가 주권자인 국민에 의한 국민자치(self-government)를 의미한다고 보는 점에서는 이론이 없다. 하지만 주권자인 국민이 어떻게 뜻을 모으고, 어떻게 국가권력을 사용해야, 그것을 국민자치라고 말할 수 있을 것인가? 이에 대해서는 논란이 분분하다. 먼저, 말 그대로 모든 국민이 참여하는 직접민주주의(direct democracy)만이 진정한 민주주의라는 의견이 있다. 그러나 이는 지나친 말이다. 근현대 사회에서 모든 국민이 직접 국정에 참여하는 것은 원천적으로 불가능하다. 비록 기술적으로 가능해지고 있는지 모르나, 그것이 꼭 바람직하다고 말하기는 어렵다(제14장 참고).

이런 관점에서 국민자치의 실질적인 대안은 간접민주주의

(indirect democracy) 혹은 대의민주주의(representative democracy)밖에 없다. 대의민주주의에서는 대통령이나 국회의원과 같이 선출된 공직자들이 국민의 의사를 대표하는 것으로 간주한다. 물론 맹점이 없지 않다. 선거로 뽑힌 대표자들이 국민의 의사를 정확히 파악하여 충분히 대변한다고 보기에는 많은 무리가 따른다. 대의민주주의로 출발했던 선진민주주의 국가들이 점차 직접민주주의 요소를 가미하는 방향으로 나아가고 있는 것도 사실이고, 국민소환제, 국민투표제, 주민투표제 등을 도입함으로써 간접민주주의의 약점을 보완하려 한다. 하지만 이것이 국민자치라는 민주주의의 기본정신 구현에 어떤 영향을 미치고 있는지는 아직은 불분명하다.

사실 대의민주주의는 현실적으로 불가피하기 때문에 등장한 것만은 아니다. 아무리 민주주의가 국민의 의사를 따르는 것이라 하더라도, 국민의 의사가 정확히 어떤 것인지는 그 누구도 알 수 없다. 더욱이 "국민의 의사," "국민의 뜻"은 감정에 휘둘리기 쉽고, 변덕스럽기 짝이 없다. 금방 달아올랐다가 언제 그랬냐는 듯 순식간에 사그라들기도 하고, 느닷없이 반대방향으로 치닫기도 하는 것이 국민의 여론이다. 광우병 사태, 탄핵 사태가 대표적이다. 도무지 정체를 알 수 없는 "국민의 뜻"이라는 것을 두고 그것을 따르는 것이 진정한 민주주의라고 말하는데는 상당한 무리가 있다.

셋째, '국민을 위한 정부'라는 부분은 모든 사람의 사랑을 가장 크게 받는 부분이겠지만, 이 표현만큼 공허하고, 악용될 소지를 크게 안고 있는 표현도 없다. 세상에 국민을 위하지 않는다고 말하는 정부가 있는가? 가장 악질적인 독재정권도 인민을 위한다는 명분을 저버리는 적이 없다. 오히려 반민주적인 조치일수록 국민을 위한다는 명분을 더 크게 더 높이 앞세우고 있음에 주목할 필요가 있다. 민주주의 국가의 위정자들 역시 '국민을 위해'라는 말을 즐겨 쓰지만, 이 점을 유난히 강조하는 정책들 가운데 국민을 가장 괴롭게 만든 정책이 많았다는 사실을 상기해 보아야 한다. "지옥으로 가는 길은 선(善)한 의도로 포장되어 있다"는 유명한 말이 있다.

국가가 하는 일이라고 해서 그것이 다 국민을 위하는 일이 되는 것은 아니다. 국가가 하는 일은 무조건 다 국민을 위하는 일인 것처럼 생각한다면 그것은 지극히 천진난만하고 유치한 사고방식이다. 민주주의 국가의 시민이라면 입만 열면 '국민을 위해'라는 말을 자꾸 들먹이는 위정자의 말에 속지 않아야 한다. 그 말을 내세우는 숨은 의도가 무엇인지 의심해 봐야 한다. 말로는 '국민을 위해'라고 하지만, 그것이 결국 특정 개인과 집단의 이익을 도모해 주는 국가권력의 행사를 가리는 베일이나 연막이었던 사례들이 얼마나 많았던가! 좋은 예로 '국민을 위한' 복지라고 하지만, 소수를 위하여 현 세대 그리고 후 세대의 대부분의 사람들에게 엄청난 짐을 안겨주는 일이 과연 국민을 위한 일이겠는가?

결론적으로, 미국 역사상 가장 위대한 대통령으로 지금까지 큰 사랑을 받아온 링컨에게는 미안(?)한 말이지만, "국민의, 국민에 의한, 국민을 위한 정부"라는 말은 민주주의의 개념이나 정의로는 부적절하다. 깊은 생각 없이 보고 들으면 근사하고 멋진 말이지만, 악용될 소지와 위험성이 너무나 크다. 이 개념과 정의는 마땅히 국민 개인의 것이어야 할 자유와 권리를 시나브로 국가의 손아귀로 이전하고, 자유의 빈사(瀕死) 상태로 이끌고 갈 위험성과 가능성을 내포하고 있다. 파시스트나 나치, 북한 정권 등 전체주의 국가들이 민주주의의 가면을 버젓이 쓰게끔 만들어 주는 이 개념은 이제 버려야 한다. 만일 살아서 자기의 뜻을 무참히 곡해하고 악용하는 이런 사례들을 보았더라면 링컨 대통령도 무척 속이 상하고 화가 나지 않을까?

2

자기지배의 원리가 민주주의의 원리로 타당한가?

민주주의 국가는 치자(治者)와 피치자(被治者)가 동일한 그런 국가인가? 고등학교 '법과 정치' 과목의 어느 교과서에는 "민주정치는 국민이 자신을 스스로 지배하는 것, 즉 피지배자에 의한 통치를 의미한다"고 적혀 있다. 왕이나 신이 지배하는 게 아니고 "국민이 국민을 지배하는 자기지배의 원리에 기초한 정치체제가 민주주의"라고 가르치고 있는 것이다.

얼핏 듣기에 근사한 말이다. 우리 헌법 제1조 2항에는 "대한민국의 주권은 국민에게 있고, 모든 권력은 국민으로부터 나온다"고 명시되어 있다. 즉 대한민국의 주인은 국민이라는 뜻이다. 이를 단순하게 풀어보면, 국민은 주권을 가진 주인이므로, (종이 아닌) 주인답게 마땅히 통치자여야 할 것이다. 하지만 이런 생각에는 민주주의에 대한 엄청난 오해와 비약이

영국 하원.

내포되어 있다.

만약 모든 국민이 통치자로 군림한다면, 과연 어떤 정치가 도래할까? 회사나 가정에서 모두가 치자로 나선다면, 일을 시키는 사람만 있고 실행하는 사람은 없게 된다. 그러면 어느 것 하나 되는 일이 없을 것이다. "민주국가의 주권이 국민에게 있다"는 말은 국가적 결정의 종국적 정통성이 국민에게서 나온다는 뜻이지, 국민 한 사람 한 사람이 주인 행세하는 지배자가 되어야 한다는 뜻은 아니다. 국민의 투표로 국가의 지도자를 선출하는 것은 국민이 그에게 통치권을 위임하는 행위이고, 이것이 국민이 주인으로 행세하는 방식이라고 보기 때문이다.

자기지배의 원리는, 좋게 해석하면, 피치자의 동의에 의해서 정부가 구성되고 운영되어야 한다는 원리이다. 이를 엉터리로 해석하거나 아전인수로 가져다 써서는 안된다. 국민이 주인이므로 국민 마음대로 하는 것이 자기지배 원리하고 한다면, 민주주의를 파괴하는 조직, 또는 흡사 마피아 같은 조직도 '자기지배의 원리'를 갖추고 있으니 민주적 조직이라고 강변할 수 있다. 한마디로 말해 민주주의의 핵심을 치자와 피치자의 동일성에서 찾는 것은 아주 위험한 발상이다.

자기지배의 원리를 피치자의 동의에 따라 구성된 정부를 통한 지배로 해석해도 결과는 같다. 물론 민주정부는 피치자인 국민의 동의에 의해 구성되어야 한다. 하지만 이는 민주정부의 충분조건이 결코 아니다. 가령 짐바브웨나 북한의 경우처럼 공식적인 선거 절차를 통해 선출되었을지언정 집권세력의 권력행사가 자의적인 정부를 우리는 민주정부라고 말하지 않는다. 이것은 선거절차가 민주적이었는지 여부와는 무관하다. 아무리 민주적으로 선출된 정부라 할지라도 국정운영이 민주적이지 않다면, 그 정부는 민주정부가 아니다.

민주주의의 근본은 자기지배의 원리에 있지 않다. 그것은 제한적 정부에서 찾아야 마땅하다. 국민의 뜻을 앞세워 통치권을 아무런 제한 없이 행사할 수 있는 정부가 아니라, **일정한 법의 제약 속에서 국민의 자유와 권리를 보호하는 한정된 과업만 수행하는 정부여야 민주주의 정부이다.** 아무리 피치자의 동의에 의해 정부가 구성되었다 하더라도, 국민의 천부인권을 무시하고 자유를 자의적으로 억압하며, 국민의 재산권을 인정하지 않거나 침탈하는 정부라면, 결코 민주정부라고 할 수 없다. 만약 피치자의 동의에 의한 정부가 곧 민주정부라고 한다면, 실로 그렇게 구성되었던 과거 독일의 나치 정부도 민주주의 정부라고 해야 하는 역설을 피하기 어렵다. 공산주의 정권 역시 언제나 형식적으로는 피치자의 동의를 구하는 정부로 치장해 왔다. 하지만 그들의 선거는 자유로운 선거가 아니었고, 그들 정부는 국민의 자유와 권리를 짓밟곤 하였다.

민주주의는 단순히 정부의 구성방법만 보고 민주적인지

아닌지를 규정할 수 없다. 언론과 사상의 자유, 그리고 다원성이 인정되는 바탕에서 서로 다른 의견들이 교환되고, 비판이 자유로우며, 그래서 견제와 균형이 잡힐 수 있어야 민주주의 정부라고 부를 수 있다. 복수정당제가 실질적으로 보장되지 않는 정부가 민주정부가 아닌 것이나, 민주주의 정부라면 국가권력이 분립되어 있어야만 하는 필연적인 이유가 바로 여기에 있다.

민주주의의 가장 중요한 가치는, 공공적 선택이 자유로운 토론과 비판에 언제나 노출되어 있는 덕에, 잘못된 선택이 언제라도 수정될 수 있도록 보장하기 위한 여러 민주주의 제도 속에 깃들어 있다. 그런 의미에서 민주주의 국가는 자기지배 원리에 따라 통치자와 피치자가 동일시되는 그런 국가가 아니라, 통치자가 제한적 정부의 선을 넘어서는지 여부를 피치자(특히 야당과 언론)가 언제라도 감시하고 비판할 수 있도록 통치자와 피치자가 뚜렷이 구분되는 그런 국가여야 한다. 야당이 정부의 정책을 적극적으로 비판할 수 있는 것은 야당이 치자의 일부가 아니기 때문이다.

만일, 고등학교 교과서에 써 있는 대로, 자기지배의 원리를 치자와 피지배자의 동일성으로 이해한다면, 치자의 선택은 곧 피치자 자신의 선택이기도 할 것이다. 그러면 비록 그 선택이 잘못된 것으로 판명되더라도, 책임을 추궁하기 어려운 모양

새가 되고 만다. 따라서 민주주의는 자기지배의 원리에 기반하고 있다는 주장은 민주주의의 가장 중요한 가치, 즉 잘못된 선택에 대한 비판과 추궁을 무력하게 만들 수 있다.

더 나아가 민주주의의 가치와 운영방식을 '치자와 피치자의 동일성'에 두는 것은 대단히 위험한 발상이다. 독재자들이 국민의 기본권을 짓밟고 국가권력을 자의적으로 행사하면서, 그것이 '국민의 뜻'이라고 호도할 수 있게끔 해준다. 국민이 비판하고 항거할 수 없게 만드는 것이 독재라면, 자기지배의 원리는 독재를 정당화해 주는 도구가 되고 만다. 독재자는 자기가 하는 일이 국민이 원하는 일이고, 국민이 시키는 일이라고 핑계대거나 변명하면 그만이기 때문이다. 이보다 더 무서운 일이 있겠는가? 그러므로 자기지배의 원리는 민주주의의 정의에서 하루속히 제거되어야 마땅하다.

3

왜 법의 지배인가?

민주주의는 '법의 지배'(the rule of law)와 동의어라고 해도 과언이 아니다. 민주주의가 추구하는 최고의 가치가 국민의 자유와 권리의 보장이고, 국민의 자유와 권리를 지키기 위한 최선의 보장책이 바로 '법의 지배'이기 때문이다. 나라마다 다소의 차이는 있지만, 오늘날 민주국가의 국민만큼 자신의 자유와 권리를 침해 받지 않고 사는 일은 일찍이 없었다.

그 덕이겠지만 '법의 지배'를 민주주의의 부속품 정도로 여기거나, 민주주의를 하면 '법의 지배'는 당연히 이루어지는 듯이 착각하는 사람들이 많다. 하지만 우리가 확실히 알아야 할 사실이 하나 있다. 그것은 **역사적으로 보든 논리적인 구조로 보든, '법의 지배'가 민주주의—특히 국민의 대표자를 국민이 투표로 선출한다는(좁은) 의미의 민주주의—보다 앞서 등장하**

였다는 바로 그 사실이다.

이를 잘 이해하기 위해서는 먼저 인류 역사의 대부분은 '법의 지배'와 상반되는 역사였다는 사실부터 명확히 상기할 필요가 있다. 법의 존재는 고대까지 거슬러 올라가지만, 근대적인 의미의 '법의 지배' 개념은 서유럽을 중심으로 발전해 왔다. 그 기원을 1215년에 제정된 〈마그나카르타〉로 보는 데 별다른 이견은 없다.

"자유인(free man)은 누구나 이 나라의 법률 그리고 사법적 절차에 의거하지 않고서는 체포 구금되거나 그의 권리와 소유를 빼앗기지 않으며… 누구에게도 권리와 정의가 거부되거나 지체되어서는 안된다."

이러한 내용의 조문이 담긴 〈마그나카르타〉는 (교황의 간섭으로 불과 몇 달 만에 폐지되고 말았지만) '법의 지배' 정신의 원형이라고 할 수 있다. 누구도—즉 입법, 사법, 행정권을 한 손에 쥐고 있는 국왕조차도—이제 '법의 지배'라는 제약에서 벗어날 수 없다는 이 원리는 이후 인류가 오래전부터 품어온 소망에 불을 붙였다. 그리하여 구속적부심제도(Habeas Corpus), 고문의 폐지, 권리청원(1628), 권리장전(1689), 미국 헌법(1787), 프랑스 혁명(1789), UN 인권선언(1948) 등으로 그 폭과 깊이를 더해 왔다.

이런 역사적 사건이나 계기들은 민주주의의 중요한 이정표이자 '법의 지배' 원리의 이정표들이다. 그 핵심요소를 정리해

영국 존 왕이 〈마그나카르트타〉에 서명하고 있다.

보면 다음과 같다.

첫째, 민주적 절차에 따라 제정된 법률에 의하지 않고는 국가를 비롯한 누구도 개인의 자유와 권리를 제한할 수 없다. 여기서의 강조점은 '민주적 절차에 따라 제정된 법률'에 있다. 국왕이 절대권을 행사하던 전제군주 시절에도 법률은 있었다. 그러나 그 시대의 법률은 국왕(지배자, 통치자)의 절대권력의 행사와 지배의 편의를 도모하기 위한 것이었지, 백성들의 자유와 권익을 보호하기 위한 것은 아니었다.

명목상 그런 목적을 가진 것처럼 보여도 절대권력자는 언제라도 그 법을 무시할 수 있었다. 절대권력자는 법 위에 있었고, 법률은 그의 통치 도구일 뿐이었다. 이 관계를 뒤집은 것이 바로 민주주의 혁명의 핵심이다. 민주주의 국가에서 법은 이제 국민이 주인이 되어 민주적 절차에 따라 제정하는 법이고, 이 법은 모든 국민에게 차별 없이 보편적으로 적용된다. 국왕도 결코 예외가 될 수 없게 되었다.

둘째, **'법의 지배' 원리의 가장 핵심적 요소는 '법 앞의 평등'이다.** 이 요소야말로 '법의 지배' 원리가 원리답도록 만들어주는 필수 요건이다. '법의 지배'를 말하면서 법 위에 군림하는 사람이 있거나 성역이 존재한다면, '법의 지배' 원리는 깨지고 만다. '법 앞의 평등'의 원리는 법이 누구에게나 동등하게 적용되어야 하는 원리일 뿐 아니라, 법이 누구에게는 유리하고 누구에게는 불리한 내용을 담을 수 없게 만드는 원리이기도 하다.

이제 법이 누구에게나 공통으로, 보편적으로 적용되는 이상, 누구도 사람과 사람을 차별하는 법에 자발적으로 동의할 리 없다. 대다수 사람들이 수긍하고 납득할 만한 타당한 이유가 있지 않은 이상, 자신에게 불리하게 작용할 소지와 위험성을 지니는 법의 제정에 쉽사리 동조할 사람은 없다. '법의 지배'가 오로지 민주국가에서만 진정한 의미에서 '법의 지배'가 될 수 있도록 만들어주는 중요한 기제는 바로 '법 앞의 평등'의 원리 속에 내포되어 있다.

다만 '법 앞의 평등' 원리에는 주의해야 할 사항이 있다. 그것은 '법 앞의 평등'이 반드시 모든 개인과 집단을 언제나 동등하게 취급하거나 대우해야 한다는 의미는 아니라는 점이다. 어떤 집단이나 개인을 특별히 유리하게 혹은 불리하게 대우하는 법률(또는 그 속의 조항)이라고 해서, 그것이 그 자체로 '법 앞의 평등' 원리를 위배했다고 볼 수는 없다. 관건은 그 법률이나 조항이 일반성을 갖고 있느냐 여부이다. 만일 그 법률(이나 조항)이 어떤 집단이나 개인을 특정하고 있다면, '법 앞의 평등' 원리를 위배한 것이다. 하지만 그것이 특별한 대우를 할 수 있는 일반적인 조건이나 자격만을 정하는 내용이라면, 그 법률(이나 조항)은 '법 앞의 평등' 원리에 합치된다고 볼 수 있다.

예를 들어 '65세 이상의 국민'이라거나 '월 소득이 100만 원

법과 정의의 여신.
눈을 가린 채 오른손에는 저울을, 왼손에는 검을 들고 있다.

이하인 가정' 혹은 '신체장애 3등급 이상의 국민'과 같이 일반적 조건만 규정하고 있다면, 이는 '법 앞의 평등' 원리를 위반한 것이 아니다. 조건을 충족하는 사람은 누구나 이 규정의 적용을 받을 수 있기 때문이다. 이것이 법률(또는 조항)의 일반성이다. 일반적 조건에 의한 예외적 적용은 법률(이나 조항)의 합리성과 정당성 판단이 객관적으로 이루어질 수 있도록 만든다. 각자가 자신이 그 위치에 설 경우를 상정하면서 그 법률(이나 조항)의 합리성과 정당성을 판단하게 되고 또 그런 관점에서 판단을 내릴 수 있기 때문이다. 경제사회적 약자를 보호하는 법률(이나 조항), 혹은 그 반대로 강자의 횡포를 견제하는 법률(이나 조항)은 바로 이런 과정을 거쳐 생산되는 것이다.

이처럼 '법 앞의 평등' 원리는 모든 국민이 특정 조건이나 상황에 자기를 대입(代入)해 볼 수 있도록 요구하고, 그 결과 이 원리 하에 제정되는 법률(이나 조항)이라면 대다수 국민이 동의하는 내용과 수준에서 합리적으로 결정되도록 돕는다. 법률(이나 조항)이 누구에게나 공평하다고 느껴질 때, 다시 말하면 '법 앞의 평등' 원리가 일반적으로 적용됨으로써 부당하고 불합리한 특혜도 없고, 부당하고 불합리한 차별도 없다고 느껴질 때, 사람들은 법률(이나 조항)에 정당성을 부여한다. 이런 법률체계 아래에서만 사람들은 자기의 최선을 다한다. 또 이런 법률체계 속에서만 부정부패와 비리가 사라지고, 정직을 최선의 정책으로 생각하게 된다.

한편 '법 앞의 평등' 원리에 대한 예외가 일반성의 원칙에서 벗어나게 되면, '법의 지배'가 제공하는 예측가능성은 크게 감소한다. 법적 안정성도 크게 떨어진다. 예를 들어 특정인에 대한 강력한 처벌을 목적으로 어떤 법률을 제정한다면, 그 법은 '법 앞의 평등' 원리에 위배된다. 이런 경우 보통 특별법의 형태를 취하게 되나, 그렇다고 이 원리의 위반을 피할 수 있는 것은 아니다. 이런 식으로 법률이 남발되면 누구라도 자신의 자유와 권리가 언제 '법'의 이름으로 침해될지 알 수 없는 불확실하고 불확정적인 상태에 빠지게 된다.

역사적 단죄 등을 이유로 하는 소급입법을 금지하는 취지도 여기에 있다. '법 앞의 평등'의 원리를 희생하여 얻는 것도 있겠지만, 손실이 그보다 더 크고 심각하다고 보기 때문이다. 예를 들어 매국노라고 불리는 자의 후손의 재산을 박탈해야 한다는 주장 같은 것이다. 국민감정은 재산의 환수를 요구하지만, 국회가 입법을 추진하지 않는 것은 사유재산권 보호라는 '법의 지배'의 핵심을 손상시킬 만큼의 가치가 있는 일이라고 보지 않기 때문일 것이다.

셋째, '법의 지배' 상태의 유지를 위해서는 강력한 보루가 있어야 한다. 그것이 3권분립 체제 속의 사법부이다. **민주국가에서 사법부의 독립성, 특히 사법부의 정치적 중립과 재판의 불**

편부당(不偏不黨)성은 아무리 강조해도 지나치지 않다. 법원에서 판사들이 법조문을 올바로 해석하고 바르게 적용하지 않는다면, '법의 지배'는 허울에 불과해지고 만다. 정치와 행정의 영역에서도 그렇지만, '법 앞의 평등'의 원리가 더 철저히 적용되고 지켜져야 할 영역이 사법의 영역이다.

예컨대 집권당이 바뀌면서 사법부의 입장이 영향을 받는다면, 이는 심각한 문제이다. 3권분립이라는 민주주의 제도의 기본을 파괴하는 행위이기 때문이다. '전관예우'니 '유전무죄 무전유죄'라는 말이 잘 표현해 주듯이, 힘 있고 돈 많은 사람이 유리한 취급을 받는다면, 이는 법치국가가 아니다. 누구든 법률이 정한 공정한 재판절차를 거치지 않고서 죄인으로 취급되어서는 안된다. 법적으로 인정되는 명백한 증거가 제시되지 않는한 처벌을 받아서는 안된다.

넷째, **'법의 지배' 원리가 가장 먼저 그리고 철저하게 적용되어야 할 대상은 국가기관이다.** 정부는 국가권력을 행사하되 반드시 법률에 근거해 권력을 행사해야 한다. 기존 법률과 관습의 범위를 넘어서면 안된다. 정부가 이 범위를 넘어서서 자의적으로 국가권력을 행사한다면, 그 정부는 헌법적 제한을 넘어서는 무제한적 정부(unlimited government)가 되고 만다. 그 국가에서 자유와 권리를 오롯이 향유할 수 있는 사람이 누구겠는가? 오직 집권세력과 정치적 실력자들 말고는 없다. 이런 국가에 부정부패가 판칠 것은 불문가지의 사실이다. 이것은 민주국가가 아니다.

만일 법률이 국민에 대해서는 강력한 구속력을 가지면서 국가기관에 대해서는 구속력이 없거나 무력하다면, 국가는 무소불위의 존재가 되고 만다. 이것은 '법의 지배' 원리의 전면부정에 해당한다. 정치적 목적으로 검찰과 경찰이 동원되거나, 정보기관을 이용하여 부당하게 사찰을 감행한다거나, 개인의 비리를 캐거나 세무사찰을 강행하는 방법으로 언론보도의 자유를 침해하는 등의 일이 일어나는 국가가 온전한 법치국가, 민주국가일 수 없다. 시위와 집회를 무원칙하게 허용하거나 불허해서도 법치국가가 아니다. 법률규정이 모호한 나머지 국가권력이 자의적으로, 차별적으로 사용되면 법치국가가 아니다.

법률은 어떤 행동이 받아들일 만한 행동인지에 대한 정당한 기대(legitimate expectations)를 형성할 수 있어야 한다. 그래야만 법으로서 정당하게 기능할 수 있다. 평균적인 국민과 기업이 지킬 수 없는 규제법률을 만들고, 그마저 경직적으로 집행하는 것은 정당한 국가권력 행사의 범위를 넘어선 권력의 남용이다. 이런 국가에서는 국민과 기업이 창조적인 정신을 발휘할 수 없다. 힘으로 굴종을 강요하는 국가는 법치국가가 아니고, 민주국가라고 보기에도 결함이 많다. 한마디로 말해, 국가기관에서 '법의 지배' 원리가 얼마나 잘 지켜지고 있는가가 좋은 정부와 나쁜 정부를 가르는 최고, 최상의 시금석이다.

다섯째, 입법권을 가진 국회가 제정하는 법률에도 일정한 한계가 있어야 한다. 이것은 '법의 지배'에서 종종 논란이 되는 이슈이다. 앞에서 '법의 지배'를 위해서는 법률이 민주적 절차에 따라 제정되어야 한다고 했다. 오늘날 전형적인 입법 방식은 국민의 대표자들로 구성된 국회가 법률 제정 권한과 의무를 갖는 방식이다. 이런 대의민주주의 체제에서 국회가 스스로 정한 입법절차에 따라 제정(또는 개정)하는 법률은 모두 정당한 법률로 인정해야만 하는가? 일반적으로 민주국가는 국회의 월권과 입법권의 남용을 제어하기 위해 사법부에 위헌법률심사권을 부여하고 있다. 따라서 이에 해당하는 법률은 위헌판단을 받아 폐기되거나 수정될 수 있다.

그런데 사법부의 위헌 판단에도 불구하고 입법권한을 갖고 있는 국회는 원한다면 유사한 취지의 법률을 기어코 제정할 수 있다. 이와 같이 입법부와 사법부가 마찰을 빚을 때, 어느 편에 최종결정권을 주어야 하는가? 이 질문에 대하여 서로 다른 해석과 입장이 존재하지만, 대부분의 국가에서는 입법부의 손을 들어주는 것이 관례인 것처럼 보인다. 사법부의 독립성 확보를 위한 제도적 장치들이 강구되어 있지만, 사법부는 국민이 직접 선출한 권력이 아니라는 태생적 약점을 갖고 있기 때문이다.

이 면에서 입법부는 사법부를 압도한다. 그럼에도 불구하고 입법부는 성격상 정치적인데다 여론의 지배에서 벗어나기 어렵다. '법의 지배'의 정통성을 정치적이고 여론의 지배를 받는 기관에만 부여한다면, 이는 위험천만한 일이 아닐 수 없다. 한 나라의 '법의 지배'의 질적 수준은 궁극적으로 그 나라 국민의 민주주의(원리)에 대한 인식 수준에 달려 있고, 결국은 국민의 선택의 문제라는 사실을 우리가 뼈아프게 받아들이지 않으면 안되는 이유가 바로 여기에 있다.

4

왜 권력은 분립되어야 하는가?

우리나라의 헌법은 자유민주주의의 원리에 따라 국가의 기능을 입법과 행정과 사법으로 분립하고 있다. 이것을 3권분립이라 한다. 권력의 분립을 민주주의의 기본으로 삼는 이유는 무엇인가? 권력분립이 없으면 민주주의는 불가능한가? 권력분립이 민주주의 체제의 필수요소일지라도, 왜 하필 3권분립인가? 5권분립이나 2권분립이면 안되는가? 정부의 기능이 3부로 나뉘어 있으면, 민주주의는 저절로 완성되는가?

민주주의의 제일 중요한 목표는 국가권력을 자의적으로 휘두르는 전제적인 정부(또는 독재정부)의 출현을 막는 것이다. 전제정부 하에서는 국민의 자유와 재산을 보호하기 어렵다. 역사적으로 전제정부의 군주(군왕)는 스스로 법을 만들고, 집행하고, 재판까지 수행하는 무소불위의 전권을 행사하였다. 자신의

1787년 9월 17일 필라델피아에서 거행된 미국 헌법 서명식 장면.

통치에 필요하면 마음대로 법을 제정하고, 자기 마음대로 법을 해석해 적용하였다. 자신의 통치를 비판하거나 저항하는 사람들은 멋대로 법정에 세워 형벌을 가하였다. 민주주의 제도는 이처럼 집권자가 독단적으로 국가의 모든 권력을 독점하여 무소불위의 권력을 행사하지 못하도록 만드는 제도이다.

영국의 식민지였던 미국이 독립하여 민주주의 정부를 세운 일을 일컬어 민주혁명이라 한다. 처음부터 민주주의 정부 형태를 채택하기로 작정한 미국 건국의 아버지들(founding fathers)은 국가권력을 여러 기관이 나누어 관장하게 함으로써, 권력 독점에서 야기되는 권력의 남용과 사용(私用)을 막을 수 있는 제도를 구상하였다. 이들이 주목한 것은 프랑스의 계몽주의 철학자 몽테스키외가 『법의 정신』(1748)이라는 책에서 주장한 3권분립이었다. 이들이 몽테스키외의 이론을 그대로 받아들였는지, 아니면 거기에 정치적 타협이 곁들여졌는지는 분명하지 않다. 하지만 미국은 정부의 권력을 3부로 나누어 행사하는 제도를 수립한 최초의 사례가 되었고, 오늘날 대부분의 민주주의 정부가 이를 따르고 있다.

예외적으로 자유중국 대만 정부는 5권분립을 채택하여, 감사권과 공직인사권을 독립된 정부기관에 부여하고 있다. 그러나 뭐니뭐니해도 3권분립의 중대한 예외는 내각책임제 정부에서 발견된다. 내각책임제 하에서는 의회의 다수당인 여당이 수상을 선출하고 내각을 구성하기 때문에, 크게 보면 내각과 의회가 동일체처럼 움직인다. 그런 뜻에서 내각책임제 정부는 입법-행정, 사법의 2권분립 형태에 속한다고도 말할 수 있지만, 내각책임제 정부 역시 권력은 3권으로 분립되어 있다고 보는 게 일반적이다. 더 나아가 권력의 분립은 중앙정부의 주요 기능을 수평적으로 분립하는 방식만이 아니라, 지방정부에 자치권을 대폭 허용하는 수직적 분립의 형태로 이루어지기도 한다. 행정부에 권한이 과도하게 집중되는 것을 막기 위해 행정부에 소속된 관청이지만 입법부의 통제(oversight)를 받는 소위 제4부의 기관을 두는 방식도 있다. 미국의 독립규제위원회 등이 대표적이다. 이들에게는 준입법권과 준사법권을 부여하고 있는데, 미국에는 이런 위원회가 40여 개 가까이 있다.

그러면 대부분의 민주주의 정부가 3권분립 제도를 채택하고 있는 이유는 무엇일까? 3권분립이 민주주의 정부의 필수적인 요청이라고는 말할 수 없다. 그것은 오히려 하나의 사회진화(social evolution)의 산물이라고 말해야 할 것이다. 다시 말하면 3권분립이 다른 형태의 분립보다 유리하기 때문에, 이 방식이 오랜 세월을 두고 유지되고 발전하며 진화해 온 것으로 보인다는 말이다. 3권분립은 국가권력의 독점, 즉 독재의 출현을 방어하기 위한 핵심기제이다. 3권분립 제도는 서로 분리되어 있는 국가권력들, 즉 입법권, 행정권, 사법권 간에 상호 **견제와 균형**

을 가능하게 만든다. 3권분립이 2권분립이나 5권분립보다 유리한 것은 권력관계 면에서 견제와 균형을 이루기가 용이한 장점이 있기 때문이다. 2권으로 분립된 경우엔 2권이 심각하게 대립할 때 중간조정자가 없고, 5권으로 분립되어 있으면 이합집산이나 합종연횡이 모색될 가능성이 크다고 본다.

국가권력의 삼분(三分)은 입법권, 행정권, 사법권이 서로 다른 주체에 의해 독립적으로 행사되도록 하기 위한 발상이다. 그러므로 이들은 서로 간섭하지 않는 것이 정상이다. 그러나 한 국가 안에서 입법, 행정, 사법의 3부가 따로논다면 통일성을 확보하고 유지할 수 없다. 따라서 3부는 각기 독립적 존재이지만 서로 간섭하지 않을 수 없는 이율배반적인 관계 속에 놓이게 된다. 예컨대 행정권을 담당하는 대통령이 법을 무시하고 자기 세력에게 유리한 정부사업이나 정책을 추진한다면, 우선 야당이 가만히 보고만 있지 않을 것이다. 언론이 국회에서의 논쟁을 보도하고, 그러면 여론이 일어날 것이다. 행정부의 불법적 조치나 행동으로 손해를 본 사람들은 한편으로 자기 지역구 출신 의원들에게 호소하고, 경우에 따라서는 소송을 제기하기도 할 것이다. 그러면 사법부는 행정부의 조치와 행동이 불법인지 여부를 가려 법률위반이나 헌법 위반으로 판결할 것이다. 국회의 입법이 국익에 합치되지 않는다고 판단한 대통령은 거부권을 행사할 수 있고, 국회가 이를 뒤집기 위해서는 충분한 힘을 모으지 않으면 안된다. 국회의 독재를 행정부가 법 집행 차원에서 저항적으로 행동하고, 사법부는 헌법 불합치 판결이나 헌법 위반 판결을 통해 효력이 없는 법으로 만들어 버릴 수 있다.

이와 같이 정부의 어느 1부의 행동이 지나치다고 생각되면, 다른 2부는 각자 또는 암묵적인 동의 하에 그 1부의 행동을 저지하려고 할 것이다. 이 경우 그 1부가 2부의 견제를 이겨내기는 아주 어렵다. 한 기관에서의 견제라면 무시하거나 압도할 수 있을지 모르지만, 두 기관에서 제기하는 견제를 무시하거나 방어하면서 정치적 정통성을 얻기는 불가능하다. 따라서 권력 간에 균형이 나타난다. 한편 5권분립을 채택하는 대만에서 인사권이나 감사권은 견제 역량을 만들어내기가 사실상 힘들고, 5자 간의 견제를 통해 권력 간의 안정적 균형을 만들어내기도 쉽지 않다. 2권분립에서는 한쪽이 다른 한쪽을 압도해 버릴 가능성이 상대적으로 높다.

이처럼 3권분립은 민주주의 정부가 독재정부로 탈바꿈하는 것을 어렵게 만든다. 우리가 주의해야 할 점은, 그렇다고 그것을 불가능하게 만드는 것은 아니라는 사실이다. 제1차 세계대전 후 독일에서 바이마르 민주정부가 탄생했지만, 이내 나치 독재정부에 권력을 넘겨주고 말았다. 우리나라에서도 1960년 4 · 19 민주학생의거로 민주당 정부가 태어났지만, 1961년의 군사 쿠데타로 하루아침에 민주주의 정부는 파괴되고 말았다.

그 후에 민정이양(民政移讓)이 되고 개정헌법에 따라 정부가 구성되었지만, 민주주의 정부와는 거리가 멀었다. 그것도 모자라 급기야 1971년에는 유신헌법이라는 비민주적 헌법 하에 행정부 독주의 시대가 열리고 말았다. 이런 역사적 경험들은 형식상의 3권분립 체제가 물리적 힘으로 법의 지배를 무시하는 정권의 등장을 막아내는 완벽한 방파제가 아님을 잘 보여준다.

사실 국민들이 독재에 동조하지 않고 저항하려는 의지가 없는 한, 민주주의를 지켜낼 완전한 방법은 없다. 민주주의는 완성된 영구불멸의 정부를 보장하는 것이 아니다. 민주주의는 그것의 보존을 위해 끊임없이 노력해야만 잘 유지될 수 있다.

위에서 3권분립이 견제와 균형의 원리 위에 서 있고, 그래서 전제정치나 독재정치를 방어하는 데 효과적인 장치로 기능한다는 점을 설명했는데, **권력분립은 더 나아가 민주주의가 현명한 정치적 또는 정책적 결정을 도출하도록 유도한다.** 이것은 민주주의가 갖고 있는 절차적 합리성(procedural rationality) 덕택이다. 민주주의는 어떤 구체적인 국가 목표의 실현을 지향한다기보다는, 그런 목표를 찾아나가고 이룩해 나가는 과정과 절차에서 합리성을 확보하고 유지할 수 있도록 해주는 정치체제이다. 민주주의 정부를 오랫동안 유지한 대부분의 국가가 선진국 대열에 서 있는 것은, 이들이 바로 견제와 균형의 원리를 잘 작동시킴으로써 궁극적으로 좀 더 현명한 정치적, 정책적 선택과

1900년대 초 프랑스 라브레드에 건립된 몽테스키외 기념 조형물.

결정을 할 수 있었기 때문이다.

물론 민주주의 정부들이 더 현명한 국가적 선택에 이르도록 만든 것이 견제와 균형의 원리, 그것뿐이라고 말할 수는 없다. 예컨대 대부분의 민주주의 국가는 개인의 재산권을 인정하고, 자유경쟁시장을 허용한다. 여기서 자생적으로 생겨나는 시장질서는 수많은 개인과 회사들이 경쟁에서 이기기 위해 자신에게 유리한 지식을 최대한 창출하고 이용하도록 만든다. 뒤떨어지고 틀린 지식을 이용한다면, 시장에서 실패는 피할 길이 없다. 이런 작동원리 때문에 자유민주주의 체제에서는 사회 전체적으로 합리적 가치관, 그리고 승리할 수 있는 전략이 채택되고 모방된다. 이성적이고 합리적인 선택이 숭상되고 창의적 선택이 늘어난다.

이를 인정할지라도 민주주의 정부들이 더 합리적이고 현명한 선택의 길로 가도록 만드는 가장 중요한 기제는 역시 3권분립이고, 그것으로 대표되는 견제와 균형의 원리이다. **견제와 균형의 원리는 민주적이고 합리적인 토론과 비판을 조장한다.**

민주주의 국가가 채택하고 있는 사법적 분쟁해결 방식이 단적인 예이다. 원고와 피고가 합리적이고 실증적인 증거와 논변을 통해 갈등과 분쟁을 해결하도록 요구하는 사법적 분쟁해결 방식은, 우선 사회 전체적으로 갈등과 분쟁이 폭력적이거나 파괴적으로 흐르는 것을 막아준다. 여기에 더하여 원고와 피고로 나뉜 쟁송 당사자들이 자기에게 유리한 자료와 정보와 지식과 증거를 제시하여 법관을 이성적으로 설득해야 한다. 그렇기 때문에, 사리에 어긋나는 주장이나 변론은 힘을 얻지 못한다. 결과적으로 이성적 논변과 실증적 지식이 득세하고, 국가사회 전체적으로 합리적이고 실질적인 증거에 의해 뒷받침되는 현명한 선택이 존중 받는 풍토를 진작시킨다. 이런 이치야말로 민주주의의 놀라운 비밀이요, 예지가 아닐 수 없다.

견제와 균형의 원리를 대변하는 권력분립은 국가적으로 현명한 선택에 이르게 하는 방법이기도 하다. 권력의 분립은 분립된 실체(예컨대 입법부, 행정부, 사법부)들이 각자 독자적으로 판단한다는 뜻이다. 이것은 같은 사안에 대하여 서로 다르게 판단할 수 있음을 의미한다. 같은 문제를 놓고 서로 다르게 판단한다면, 어느 판단이 옳은지 논란이 따를 것이다. 자신의 주장이 더 옳다고 주장하려면, 다른 주장들의 약점이나 모순을 지적하여야 한다. 한마디로 비판이 활발해질 수밖에 없다. 이런 비판의 과정을 통해 그릇된 판단은 배제되고, 조금이라도 나은 대안이 선택된다. 비현실적인 선택에서 오차를 찾아낼 수 있는 것도 이런 비판의 과정을 통해서다.

이런 관점에서 보면 민주주의 국가에서 권력의 분립은 비단 3권분립으로만 표현되고 있지 않음을 쉽게 알 수 있다. 온갖 형태와 방식의 분립이 거미줄처럼 복잡하게 얽혀 있는 것을 볼 수 있다. 행정부의 부처들이 분립되어 있는가 하면, 중앙정부와 지방정부가 분립되어 있다. 국회 안에서도 여당과 야당이 분립해 있고, 국가도 정부와 시장, 그리고 시민사회로 분립되어 있다. 언론 역시 정부와 분립되어 있는 것을 원칙으로 한다.

분립 그 자체가 능사가 아님은 물론이다. 분립된 주체가 모두 각자 독자적으로 행동하고 독자적으로 판단할 수 있을 때, 우리는 분립이라는 표현을 옳게 쓸 수 있다. 이것을 분권화(decentralization)되어 있다고 말한다. 분권화된 주체들은 분립되어 있는 만큼, 다양하게 비판을 주고받을 수 있다. 얼핏 보면 혼란을 불러올 것처럼 보이지만, 비판은 이성적 대화의 교환이기 때문에 더 나은 지성의 발견으로, 더 현명한 판단으로 인도한다. 이런 면에서 민주주의는 한마디로 **비판이 제도화되어 있는 체제**이다. 분권화는 민주주의에서 비판이 저절로 도출되어 나올 수밖에 없도록 만드는 제도의 구성 방식이다.

민주주의는 인간이 불완전한 존재라고 가정한다. 불완전하다는 것은, 대체로 옳은 판단을 하지만, 심심치 않게 틀린 판단도 한다는 뜻이다. 인간의 판단작용을 연구하는 심리학 연구에 따르면, 모든 인간이 편견을 갖고 있고, 이해관계에 따라 다르게 판단하며, 판단에서 일관성을 유지하지도 못한다고 본다. 자신은 용의주도하게 판단하였다고 생각하지만, 다른 사람들 안목에서는 오차(error)가 많고, 허점투성이 결정을 내린다. 그렇기 때문에 잘못된 판단을 줄일 수 있는 효과적인 방법은, 서로 다르게 판단하는 사람들이 서로에 대해 비판하고 토론하는 과정을 거치게 하는 것이다. 그렇게 함으로써 서로의 주장에 숨어 있는 오차를 찾아내고 허점을 보완해, 이전보다 더 나은 방안을 만들어낼 수 있다.

국가 전체적으로 수많은 정치적, 정책적 판단이 이런 비판적 토론과정을 거치게 되면, 치명적으로 잘못된 결정을 걸러낼 가능성이 그만큼 높아진다. 비판이 있다고 틀린 선택들이 모두 다 수정되는 것은 아니다. 그래도 비판이 없는 경우보다는 더 그럴듯한 선택에 이를 가능성이 커진다. 이런 결과들이 쌓이다 보면, 비민주적인 정부보다 민주적인 정부가 현명한 선택에 이를 가능성이 비교할 수 없을 만큼 높아지게 될 것은 불문가지이다.

이런 의미에서 "민주주의가 발전하였다"는 말은 국가운영에서 비판이 더 원활하게 이루어지도록 하는 제도가 정착되었음을 뜻한다. 비판이 원활하게 이루어지려면, 우선 언론의 자유를 비롯한 기본권이 보장되어야 한다. 가능한 범위에서 정보가 공개되어야 한다. 논쟁이 순탄하게 이루어질 수 있도록 훼방꾼이나 폭력적 세력을 배제 제거해야 한다. 특정 세력의 주장을 신성시하는 분위기나 문화를 배격해야 한다.

비판은 이성적 작업이라는 점에서 비난이나 규탄과 반드시 구분해야 한다. 후자는 대안적 방안을 제시하지 않고, 상대방의 제안이 불완전하다는 점만 부각한다.(인간이 만든 것 중에 온전한 것이 어디 있으랴! 비난은 합리적인 증거나 이론에 근거하지 않고 비현실적인 이유나 이념을 들어 잘못되었다는 점을 공격하는 행동이다.) 그러므로 비판은 더 나은 방안을 찾는 데 도움을 주지만, 비난은 논쟁을 훼방하는 행위이다. 비판을 근간으로 하는 인간 이성의 증진이 문화발전의 척도가 되는 것은 이런 연유에서다.

견제와 균형의 원리를 대표하는 권력분립은 국정운영에서 필수적으로 등장하는 '모순의 관리' 면에서 절대적으로 유리하다. 예컨대 3권분립을 위시하여 권력이 분립되어 있으면, 사회 전체적으로 다양성이 증대한다. 분립된 권력들이 각자 자신의 목소리를 내면, 다양한 주장들이 전개될 것이다. 저절로 사회 전반에 이질성의 허용 정도가 커지고, 변화를 모색할 여지도 넓어진다. 한마디로 국가 사회에 개방성과 신축성이 높아진다.

권력이 분립되어 있으면 이질적인 요소들 간에 이합집산이 일어날 수 있고, 분립된 권력들의 자유재량 때문에 변화를 시도하기가 쉬워진다. 새로운 실험적 활동이 용이해지고, 결과적으로 사회 전체적으로 창의력이 살아난다. 사회의 역동성이 커지고, 발상이 더욱 다양하게 전개되는 선순환이 일어난다.

이 과정은 얼핏 상충하는 주장과 활동이 난무하는 것처럼 보일 수 있다. 혼란이 극심하다고, 컨트롤 타워(control tower)가 없어서 난장판이 되어간다고, 비난하기 쉽다. 그러나 이것은 좁고 단순한 안목에서의 비난이고, 쓸모없는 걱정이다. 인간 세상에 모순이 혼재(混在)하는 것은 피할 길이 없다. 이 점을 간과하게 되면, 다양성은 불필요한 낭비와 혼란을 불러들일 뿐이라고 오해할 수 있다. 생각해 보라. 과연 우리가 보는 모순은 없앨 수 있는 모순인가? 설령 모순을 없애면, 다양성을 없애면, 세상의 모든 일이 일사불란하게 정돈이 될까? 컨트롤 타워가 있어서 갈 길을 미리 정해 주면, 모든 일이 잘 풀릴까? 뒤집어 말해서, 모순을 안고 살아가는 상황은 반드시 잘못된 판단을 불가피하게 만드는 그런 상황인가?

다양성은 불가피하게 모순을 허용할 수밖에 없다. 간단히 말해 **권력분립은 다양성을 허용하는 장치**로서, 모순을 발효시키는 장독과 같다. 모순이 허용되어야 창의성이 발현된다. 사회는 역동성이 있어야 창의력이 도약한다. 컨트롤 타워가 생겨나는 순간 역동성은 사그라진다. 모순적 활동과 발상들이 자유롭게 경쟁하고 결합하고 공존할 때에 역동성이 나타난다. 민주주의 사회가 권위주의 사회나 공산주의 사회보다 더 역동적이고 진취적인 이유가 바로 여기에 있다. 다양성이 허용하는 모순을 권력분립으로 소화해 내기 때문이다. 모순이 파괴적으로 흐르지 않게 관리하는 일이야말로 민주주의 정부의 핵심적인 역할이다. 바로 여기서 민주주의의 수준도 판별된다. 모순을 회피하려고 하면 할수록, 민주주의의 수준은 낮아진다.

3권분립을 비롯한 권력분립은 민주주의 사회를 활기차고 약동하는 사회로 이끄는 엔진이다. 그것은 자의적이고 전제적인 선택을 막아주고, 현명(賢明)을 늘릴 수 있으며, 창의성을 북돋는 마술이다. 우리 사회에 걸핏하면 컨트롤 타워가 없는 것이 문제라고 한탄하는 사람들이 적지 않다. 이것은 하수들의 한탄이다. 컨트롤 타워를 차지하면, 누구나 저절로 현명한 판단을 할 것으로 보는가? 그들은 권력분립이 가져다주는 민주주의의 아름다운 묘수를 읽지 못한다. 민주주의의 예지를 읽을 수 있는 성숙한 시민만이 더 멋있는 민주주의를 구현할 자격이 있다.

5

사법부,
선출되지 않은 권력?

민주주의 국가에서 모든 권력은 국민으로부터 나온다. 이것을 국민주권주의라고 부른다. 우리 헌법 제1조 2항도 "대한민국의 주권은 국민에게 있고 모든 권력은 국민으로부터 나온다"고 하여 국민주권주의를 천명하고 있다. 이에 따라 입법부의 구성원인 국회의원은 지역구민들이 선거로 직접 선출한다. 여기에 더하여 지지정당에 대한 투표를 계산하여 비례대표 의원을 선출한다. 행정부의 수반인 대통령도 국민의 투표로 선출한다. 이에 비하여 사법부를 구성하는 법관은 단 한 자리도 선출직이 아니다. 사법부의 최고기관인 대법원과 헌법재판소는 국회의 임명동의 절차를 밟아 대통령이 임명하는 대법관과 헌법재판관으로 구성된다. 지방법원과 고등법원 등 모든 법원의 판사는 대법원장이 임명한다. 이처럼 사법부의 구성에 국민은 직접 관여하지 않는다. 이런 이유로 사법부를 '선출되지 않은 권력'이라고 비하하며, 사법부가 행사하는 권력의 정통성에 의문을 제기하는 사람들이 있다. 과연 옳은 비판이고 생각인가?

민주주의 국가에서 사법부를 이와 같이 구성하는 것은 아주 일반적이고 보편적이다. 그 이유가 무엇일까? 입법부, 행정부, 사법부의 권력을 분립하고 상호 견제하도록 함으로써, 어느 1부도 국가권력을 독점적으로 행사하지 못하도록 하기 위해서다. 민주주의 국가들이 채택하고 있는 3권분립 체제의 핵심은 3부가 각기 최대한의 독립성을 갖도록 만드는 것이다. 이를 위해서는 어느 1부도 다른 2부의 인적 구성에 과도한 영향력을 행사할 수 없도록 만들어야 할 절대적 필요가 있다. 이 필요를 충족시킬 수 있는 최선의 방법은 3부 모두를 국민이 직접 선출하는 인사들로 채우는 것이다.

그런데 여기에 문제가 있다. 입법부의 국회의원과 행정부의 대통령은 국민이 직접 선출하는 방법보다 더 나은 방법이 없다는 데 이론(異論)이 없다. 하지만 사법부는 다르다. 만일 사법부의 구성원인 판사를 국민이 선거로 뽑게 한다면, 큰 문제가 발생할 가능성이 매우 높다. 판사들이 하는 일과 그런 일을 하기 위해 판사들이 어떤 자격을 갖추어야 하는지 잘 알지 못할 뿐더러, 충분한 법률적 지식과 자신의 양심에 따라 올바른 법률적 판단을 내릴 수 있는 사람을 올바로 선출해 내리라고 보

오스트리아의 헌법재판소 재판관들.

기 힘들기 때문이다.

더 나아가 오로지 높은 법률적 식견과 판단능력을 갖추고 있는지 여부가 아니라, 정치적 능력이나 대중적 인기 등이 판사를 선출하는 데 영향을 미친다면, 과연 이들로 구성되는 사법부가 사법부다울 것인가? 필경 지나치게 여론을 의식하거나 대중의 요구와 압력에 영합하여 정치적 판단을 내리는 기관이 되기 쉽지 않겠는가?

이 이유 하나만으로도 '사법부는 선출되지 않은 권력'이라는 말은 정부의 구성원리에 대한 무지와 무식을 드러내는 말임을 쉽게 알 수 있다.

'사법부는 선출되지 않은 권력'이라고 비하하는 사람들은 아마도 국민의 여론, 감정, 정서, 상식과 다소 거리가 있거나 동떨어져 보이는 사법부의 판결 사례들을 보면서 이런 생각을 하기 시작했을 것이다. 이들이 판사를 선거로 뽑아야 한다고 주장하지 않는 것을 보아도 이 점은 분명하다. 그러면 이들의 진의는 무엇일까? 간단히 말하면, 사법부 특히 대법원이나 헌법재판소의 판결에 국민정서 등이 잘 반영될 수 있어야 한다는 것, 그리고 이를 위해서는 사법부, 특히 사법부의 중요인사인 대법관이나 헌법재판관의 선임과정이 지금과 같아서는 곤란하다는 것 등일 것이다.

우선 이들의 주장이, 대통령 및 집권 정당과 정치색 혹은 정치이념을 같이하는 인사들로 사법부가 구성되고 운영되어야 한다는 것이라면, 이런 주장은 단견 중 단견이다. 민주주의 국가에서 집권당은 주기적으로 교체되기 마련이다. 집권당이 교체될 때마다 사법부 인사를 교체하기로 한다면, 당장에는 선호하는 성향의 인사들이 사법부를 차지하겠지만, 정권이 바뀐 다음에는 혐오하고 인정하기 싫은 인사들이 사법부의 중요한 자리들을 차지하게 된다. 이것이 과연 이들이 진정으로 바라는 바일까? 가장 먼저 반대하고 나올 사람들이 바로 자기들 아닐까? 자기가 지지하는 정당의 영구집권을 믿지 않는 한, 자기들의 주장이 장기적인 관점에서 보면 어리석은 주장임을 깨닫기는 그리 어렵지 않을 것이다.

다음으로 3권분립의 원리 차원에서 보자. 대부분의 민주주의 국가에서 최고사법기관인 대법원과 헌법재판소의 구성방식을 보면 꽤 복잡하지만 매우 정교하다. 대법관과 헌법재판관의 인사가 최대한 비정치적일 뿐 아니라, 당파성을 탈피할 수 있게끔 고려하고 있다. 이들은 국가수반인 대통령이 임명하되, 입법부의 동의를 요구하고 있다. 입법부에는 대통령이 소속된 집권당 의원만 있는 것이 아니라 야당 의원들도 있다. 어느 당이든 절대적인 영향력을 행사하기 힘들다. 국회의 인사청문회도 쉽게 넘어가기 어려운 관문이다.

대법관과 헌법재판관의 추천은 ① 대통령이 추천하는 인사,

② 국회(국회의장)가 추천하는 인사, ③ 대법원장이 추천하는 인사로 나뉜다. 대법원과 헌법재판소의 구성은 한꺼번에 하는 것이 아니라, 대법원과 헌법재판소 정수의 약 3분의 1씩을 차례로 교체한다. 민주주의 국가의 권력 3부 중 사법부의 정치적 중립성 확보가 얼마나 중대한 의미를 지닌 사안인지를 잘 보여주는 장치들이다. 더 나아가 대법관과 헌법재판관의 임기는 6년으로 대통령이나 국회의원의 임기보다 길게 보장하고 있다. 미국은 종신제이다. 이처럼 이들의 신분을 강하게 보장하는 것은 이들이 정치적 영향을 받지 않도록, 독립적으로 판결할 수 있도록 하기 위해서다.

이런 다각적인 고려가 들어가 있는 것이 현재의 대법관 및 헌법재판관 인사제도이다. 오늘날 대부분의 민주주의 국가의 사법부 구성방식은 매우 유사하다. 이것은 오랜 세월을 두고 이 방식이 최선이라고 판단되었기 때문에 만들어진 사회적 진화의 산물로 보아야 할 것이다. 이 진화의 시발점은 3권분립의 정신을 명시적으로 헌법에 담은 미국의 전통에서 찾는 것이 옳을 것이다. 왜 미국 '건국의 아버지들'은 사법부를 '선출되지 않은 권력'으로 구성하였을까? 지금은 그들의 의도를 추리할 수밖에 없다.

첫째, 입법부와 행정부에 더하여 사법부까지 직접적인 정치적 영향을 받도록 하면, 3권의 분립에 의한 상호견제와 균형 메커니즘이 제대로 작동하지 않을 가능성이 높다고 보았기 때문이다. 둘째, 사법 업무에 종사하는 사람들은 매우 전문적인 법률 지식을 갖추어야 하고, 상당히 높은 식견을 갖지 않으면 쟁송 업무를 옳게 처리할 수 없다고 보았기 때문이다.

사실 법률 전문가들로 사법부를 구성하는 전통은 민주주의 시대가 도래하기 전부터 수립되어 있었다. 재판관은 물론이고 법정에서 원고가 되는 검사와 피고인을 도와주는 변호사는 일정한 시험을 통과한 자격자(변호사 자격) 또는 면허 소지자여야 했다. 일반 판사, 검사, 변호사도 이러할진대, 민주주의의 핵심인 법치주의의 보루로서 기능해야 하는 대법관이나 헌법재판관은 법률을 해석하는 안목에서나 역사의 흐름을 읽는 역량에서 탁월한 인사로 선발하여야 했을 것이다.

대법관이나 헌법재판관 등 사법부의 고위층 선발을 위해, 위에서 살펴본 바와 같이 매우 정교한 제도와 절차를 마련해 두고 있는 것은 이런 필요성 때문이었다. 물론 사법부의 이런 인사제도도 오랜 세월을 거치면서 다소간 변화하지 않은 것은 아니다. 그러나 만일 '선출되지 않은 권력'인 사법부가 법치주의를 지켜내는 역할을 성공적으로 수행하지 못했더라면, 지금과 같은 제도와 절차가 유지되고 있을 리 없다. 오늘날 거의 모든 민주주의 국가에서 사법부가 '선출되지 않은 권력'으로 채워지고 있는 것은 이 방식이 법치주의를 수호해 나가는 면에서 가장 높은 적합성을 시현해 왔음을 웅변해 주는 것이다.

민주주의의 정통성은 형식적인 국민주권주의의 표현으로 완성되는 것이 아니다. 그것은 실질적으로 국민을 주인으로 대접해 주는 권력의 행사에서 찾아야 한다. 굳이 '선출되지 않은 권력'을 문제 삼기로 한다면, 내각책임제 정부의 수상(또는 총리)을 국민이 선출하지 않는 것은 어떻게 보아야 할까? 수상은 겨우 다수당 국회의원들에 의해 피선된 인사에 불과하지 않은가? 간접선거를 연루시킬 수 있지만, 어느 정도의 연결성이 있어야 정통성을 인정할 것인가에 대해 어떤 기준도 없기는 마찬가지다. 현실적으로 공권력을 보유하고 집행하는 수많은 공무원도 투표로 선출되지 않는다. 이들은 일정한 시험을 거치거나 특정 자격소지자 중에서 선발하고 있다. 이들은 세금을 징수하고, 강제집행하는 등 무시할 수 없는 권력을 행사한다. 그래도 이들이 '선출되지 않은 권력'이라거나 민주적 정통성이 없는 권한을 행사한다고 항의하는 바보는 찾아보기 어렵다. 심지어 행정 각부의 장관들 역시 '선출되지 않은 권력'이라는 데서 대법관이나 헌법재판관과 하등 차이가 없다. 하지만 '선출되지 않은 권력'이라고 장관을 질타하는 사람도 본 적이 없다.

투표로 선출되지 않은 사람들로 구성되었음에도 불구하고, 사법부가 사법권이라는 민주적 권력기관으로 성공적으로 자리매김할 수 있었던 이유는 사법부의 독립성에서 찾아야 한다.

쉬운 말로 누구의 눈치도 보지 않고, 오직 법과 양심에 따라 재판할 수 있도록 헌법이 사법부에 독립성을 보장해 주었기 때문이다. 민주적인 정부들은 판사의 신분을 보장하고, 재판과정에서 다른 권력기관의 영향력 행사를 차단하였다. 예를 들어 대통령이나 국회의원, 그리고 정보기관과 같은 권력기관의 은밀한 영향력 행사로부터 보호를 받았다.

민주주의에서 국가적 선택은, 큰 문제이거나 작은 문제이거나, 상호 영향을 주고받으면서 결정되는 것이 정상이다. 국민과 정부, 정부기관 상호간, 그리고 시대정신과 외국의 압력 등으로부터 자유로울 수 없다. 이처럼 다양한 영역의 영향을 받으면서 더 나은 선택이 만들어지는 것으로 본다. 그러나, 이와는 대조적으로, 사법부의 판결에 미치는 외부의 영향은 차단해야만 올곧은 판결을 내릴 수 있게 된다.

사법적 판결은 국가의 적극적인 선택이 아니고 소극적인 선택이다. 쉽게 말해서, 국민 개인(또는 집단) 또는 검찰의 제소가 있는 구체적인 사안을 면밀히 검토해, 구체적인 증거와 증언을 바탕으로 권리를 확정하고 피해를 구제하는 일이 사법이다. 그렇기 때문에 어떤 경우에 어떤 이유로 처벌을 받거나 손해배상을 해야 하는지 분명한 이유를 밝혀야 한다. 판사들이 지극히 다양하고 기기묘묘한 사례들을 다루다 보면, 성심을 다할지라도 부분적으로 잘못된 판결을 내릴 수 있다. 이런 실수를 방어하기 위하여 상급법원에 항소심을 청구할 수 있고, 대법원까지 상고할 수 있도록 소위 사법부의 3심제도를 두고 있다. 더 나아가 사법심사의 근간이 되는 법률에 문제가 있다고 판단될 때에는 헌법재판소에 위헌심사를 의뢰할 수 있다.

개인의 권리확정이나 피해구제를 근간으로 삼는 사법심사는 얼핏 보기에 국가적 결정으로서는 사소한 선택이고 미약한 입김처럼 보인다. 이런 힘없어 보이는 국가적 결정은, 입법부가 법을 제정하거나 행정부에서 정책을 결정하는 일에 비하면, 무시해도 좋을 만큼 미미한 사안처럼 보일 수 있다. 그래서 이 작은 사법부의 선택들이 민주주의의 발전에 기여한 공로를 발견하기는 쉽지 않다. 그러나 독립적으로 기능하는 사법부의 기여를 결코 가볍게 보아서는 안된다.

사법부는 판결을 통해서 시민들의 행동에서 무엇이 왜 옳고, 어떤 것은 무슨 이유로 틀렸는가를 분명하게 가르는 역할을 한다. 판결을 통해 민주시민의 행동규준을 하나하나 더 정밀하게 제시하여 준다. 그래서 시민들이 더 사려 깊은 인간으로, 더 세련된 민주시민으로 커갈 수 있는 계몽의 지침을 제공해 준다. 사회에서 지성을 갖추고 상식에 힘입어 문화시민으로 살아가려면, 최소한 어떤 기준을 지켜야 하는지 알게 해준다. 사법부의 판례들이 쌓이면 그것이 다양한 분쟁을 다루어나가는 근간이 되고, 사회 전반의 분쟁과 논란을 줄이고, 질서를 세우는 바탕이 만들어진다.

권력은 칼과 창과 돈에서만 나오지 않는다. 그것은 양심과 지성과 윤리에서 더 많이 나온다. 독립적으로 기능하는 사법부가 민주시민들에게 주는 큰 가르침이 이것이다.

6

정당이 있어야 민주주의 국가인가?

요즈음 우리나라 정당들의 활동 양상을 보면 과연 민주주의를 운영하는 데 정당이 필수적이거나 도움이 되는지, 또 우리나라 헌법(제8조1항)에서처럼 복수정당제도를 두고, 정당법을 통해 보호하고 지원해 주는 것이 타당한지, 의문이 드는 게 한두 번이 아니다. 막무가내로 서로의 의견을 무시하고 백안시하며 싸우는 소리만 요란할 뿐, 국가정책을 두고 서로 합리적으로 토론하고 협의하여 더 나은 대안을 찾아내려고 애쓰는 모습과 진지함이 거의 보이지 않기 때문이다.

정당 내부 사정도 늘 소란스럽기는 마찬가지다. 자신들이 지지하는 정책을 더욱 세련되게 만들고 국민의 요구를 바르게 알아내려는 노력은 별로 보이지 않고, 계파간의 헤게모니 다툼은 끝이 없다. 이런 정당들의 모습을 보면서 정당이 있어야만 민주주의가 제대로 된다는 주장에 선뜻 동의하기는 쉽지 않지만, 복수정당의 존재와 활동은 민주주의를 확고하게 지키는 요새나 다름없다. 왜 그런가?

민주주의의 가장 중요한 존재이유는 전제적 독재정부의 출현을 막는 것이다. 전제정부 중에는 일당독재만 있는 것은 아니다. 허수아비 정당들을 세워놓는 경우도 흔하다. 요컨대 정치이념과 철학이 다른 복수의 정당이 존재하고 그들 간에 경쟁이 없으면, 그 국가는 일당독재의 정부이다. 현대의 공산주의 국가들이 거의 다 이 유형에 속한다. 두말할 것도 없이 일당독재의 공산주의 체제에서는 집권자가 권력을 유지하기 위해 국민의 자유와 권리를 짓밟고, 다수의 이름으로 소수자의 인권과 행복을 무시하는 일이 빈번히 자행된다. 일당독재를 막을 제도적 장치가 부재하기 때문이다.

복수정당제도는 이런 일당독재 정부의 출현을 원천적으로 막기 위한 헌법적 장치이다. 우리나라의 헌법이 복수정당제를 보장하고 있는 이유도 여기에 있다. 일반적으로 민주주의 국가에는 복수의 정당이 존재하는 게 보통이다. 여기서 제기될 법한 흥미로운 질문은, '복수정당의 존재는 헌법 규정 때문인가'이다. 답은 '아니다'이다. 영국이나 미국 등 서양에서 복수의 정당은 19세기 의회주의의 발달과 더불어 자연발생적으로 생겨났다. 사람들이 모여 사는 사회에서 서로 의견을 달리하는 사람들 간에 정파나 파당이 만들어지는 것은 지극히 자연스럽다.

우리나라 역사를 보아도 그렇다. 조선왕조 시대의 사색당파는 법에 따라 만들어진 것이 아니다. 흔히 비판의 대상이 되곤 하지만, 그것은 역사적으로 자연스럽게 형성되고 변천해 간 정치적 집합체이고 파당이었다. 이런 파당들이 국가의 대소사를 두고 의견을 달리하고 상호 비판하는 데 그치지 않고, 선거에서 승리하여 정치권력을 차지하고 유지하려는 노력으로 진화한 것이 오늘날의 정당이다. 불문헌법 국가인 영국은 말할 것도 없지만, 미국 헌법에 정당에 관한 규정이 없는 것은 바로 이런 이유에서다. 결사의 자유를 인정하고 참정권을 보장하는 민주주의의 역사가 이어지면서, 정치적 결사체인 정당도 민주주의의 핵심제도 중 하나로 자리 잡게 되었다.

정당의 기능이나 역할도 법적 규정사항이라기보다는 결사체들이 정치활동에 적극 참여하는 과정에서 저절로 규정되어 왔다고 볼 수 있다. 오늘날 널리 사용되는 정당의 정의는, 적극적으로 정치적 견해를 규합하고 정치적 견해의 구현을 위해 정권을 획득하고 유지하려는 자주적 단체이다. 우리나라의 '정당법'에서도 정당은 "국민의 이익을 위하여 책임 있는 정치적 주장이나 정책을 추진하고 공직선거의 후보자를 추천 또는 지지함으로써 국민의 정치적 의사형성에 참여함을 목적으로 하는 국민의 자발적 조직을 말한다"라고 규정하고 있다. 정당의

영국 보수당의 2011년 전당대회.

역할과 기능 가운데 가장 가시성이 높은 것은 공직선거에 후보자를 공천하는 일이지만, 정당은 여론을 형성하고, 국민이 자신들의 주장에 동조하도록 정책과 이슈를 개발하고, 정강(政綱)과 정책을 수립하여 홍보하는 등의 역할과 기능을 수행한다.

정당이 민주주의의 핵심 기구로 등장한 것은 정권의 획득과 정치적 지지 확보를 위한 정치적 경쟁이 정당을 중심으로 전개되기 때문이다. 이러한 정당의 존재와 활동을 보장하는 것은 곧 정권의 획득 경쟁을 보장하는 것이다. 따라서 복수정당의 존재와 활동은 독재정부의 등장을 막는 방파제가 된다. 집권당의 실책으로 헌법이 규정한 국민의 자유와 권리가 억압되거나 사회적 정의가 훼손되면, 야당은 그것을 비판하며 시정을 요구한다. 그러나 이보다 더 중요한 일은 야당이 대안적인 정책을 제시하고 기존의 사회적 병폐 시정을 약속하며 차기 선거에 나서는 것이다. 집권여당은 이런 야당의 도전을 의식하며 행동하지 않을 수 없다. 이런 연유로 복수정당제도가 작동하는 사실 그 자체만으로도 일당독재의 전제정치는 막을 수 있다.

오늘날 민주주의 선진국들 중에 양당제도를 유지하는 국가들이 많기 때문에, 2개의 정당만 있으면 그것으로 충분하다는 견해가 있을 수 있다. 하지만 세상의 정치적 견해가 둘로만 나뉘는 것은 아니므로, 2개 이상 복수의 정당을 갖는 것도 자연스러운 일이다. 우리나라의 헌법이 정당설립의 자유를 규정하면서 더불어 복수정당제를 규정하고 있는 것은 이 때문이다.

다만 정당의 설립이 자유라고 해서 어떤 성격의 정당도 무제한 허용된다는 의미는 아니다. 우리나라의 헌법은 "정당은 그 목적, 조직과 활동이 민주적이어야 하며"(제8조2항), "정당의 목적이나 활동이 민주적 기본질서에 위배될 때에는 정부는 헌법재판소에 그 해산을 제소할 수 있고, 정당은 헌법재판소의 심판에 의하여 해산된다"(제8조4항)라고 규정하고 있다. 이 규정은 소위 '자유의 역설'을 막기 위한 제도적 장치이다. 자유는 보장되어야 하지만, 자유를 파괴하는 자유까지 허용할 수는 없다는 뜻에서, 민주적 정당만 허용한다는 취지이다. 2014년 말 헌법재판소가 통합진보당의 해산을 결정할 때 인용한 것이 바로 이 헌법규정이었다.

한편 복수의 정당이 있다는 사실만으로 민주주의가 확실하게 지켜지는 것은 아니라는 점에 유의할 필요가 있다. 예를 들면 제1차 세계대전 이후 독일에서 가장 민주적인 헌법에 따라 바이마르 공화국이 탄생하였고, 복수의 정당들이 경쟁적으로 정권을 담당하였다. 하지만 나치당이 국민들의 감성을 교묘히 이용하여 정권을 획득한 다음에는, 국민동원 체제가 강화되면서 히틀러 독재체제가 수립되었다. 이것을 허용해 준 것은 결국 국민들의 '민주적' 투표였다. 이런 역사적 경험은 국민이 깨어 있지 못할 때, 특히 국민이 국가의 미래에 대한 전망에 무관심하고,

현재 상황에 대한 불만에 함몰되어 악마적 유혹에 넘어갈 때, 민주주의 체제가 '민주적으로' 붕괴될 수 있음을 웅변해 준다.

민주주의 체제도 질그릇처럼 깨어지기 쉬운 사회제도이다. 현 세대뿐만 아니라 자손들의 행복까지 담아내야 하는 그릇으로서 민주주의 체제는, 민주주의를 지켜내겠다는 문화적 기반과 인식 없이는 언제라도 무너지고 말 수 있다. 결국 민주주의의 최후의 보루는 복수정당 체제가 아니라, '깨어 있는 국민'이다. 궁극적으로 이런 '깨어 있는 국민'만이 국가도 지킬 수 있고, 민주주의도 지켜낼 수 있다.

7

지방자치는
민주주의에 필수적인가?

지방의회 의원들이나 지방정부의 일탈을 보고 "쓸데없이 지방자치를 해서 이런 국가적 손실이 초래된다"라고 불평하는 이들을 가끔 본다. 이런 말을 들을 때마다 당혹스럽다. 아마 1990년대 이전에 지방자치 없이, 온 나라가 산업발전에 매달리던 독재 시절을 기억하기 때문일는지 모른다. 그때는 지방자치 없이도 나라가 잘 굴러갔다고 생각할 수 있겠다.

그렇다면 지방자치제도는 우리에게 무슨 이익이 있길래 적지 않은 부담을 안으면서 운영해야 하는가? 지방자치는 민주주의에 필수적인가? 필수적인 것은 아니더라도, 과연 민주주의 발전에 도움이 되는가? 지방자치제도가 운영되면, 민주주의를 발전시킬 수 있는 것인가?

지방자치를 유지하는 데는 많은 비용이 소요된다. 그 많은 지방자치단체 의원들에게 세비를 주어야 하고, 지방의회에서 벌어지는 불필요한 논쟁 때문에 정책을 순탄하게 추진하기 어려운 경우가 적지 않다. 또한 지방자치단체들은 수많은 축제를 경쟁적으로 열고 있는데, 지역주민과 국민 일반이 환영하는 축제도 많지만, 예산 낭비라고 혹평을 받는 경우도 드물지 않다. 이런 실망스러운 면면 때문인지, 옛 권위주의 정부 시절 중앙의 지시에 따라 나라 전체가 일사불란하고 능률적으로 움직이는 것 같던 모습에 향수를 느끼는 이들도 있다.

역사적으로 지방자치는 민주주의 출현 이전의 중세 봉건제의 유산이라고 할 수 있다. 절대군주 국가가 형성된 이후에도 교통과 통신의 발달이 미흡해 먼 지방에까지 중앙의 힘이 닿기 어려웠던 나머지, 그 이전부터 존재했던 봉건영주들에게 한정적인 통치권을 허용하였다. 그 중에는 민주주의로 전환된 지방정부도 있지만, 상당부분은 귀족제도의 틀을 유지하면서 지방자치를 허용해 주는 식이었다.

절대군주 국가에서 민주주의 국가로 전환된 이후에도 지방정부들이 모두 민주적으로 운영되었다고 보기는 힘들다. 비민주국가나 피상적 민주국가에서도 지방자치가 허용된 사례는 적지 않다. 가까운 예로 일본의 군국주의 시대에도 지방자치제도는 있었다. 19세기 오스트리아의 입헌군주국가 체제에서도 지방정부가 자치적으로 운영되면서 특권층의 보루로 남아 있

대한민국 대표축제로 자리 잡은 진주 유등축제.

었다. 이렇게 볼 때 지방자치는 민주주의의 핵심요소로 발전한 제도는 아닌 것이 분명해 보인다.

지방자치란 역사적으로 나라에 따라 다양하게 나타나지만, 근원적으로는 지역별로 단위정부를 인정하고 자치조직권과 자치재정권을 부여함을 가리킨다. 자치조직권은 지역을 기초로 하는 공공단체가 독자적으로 지역사무를 처리할 기관을 형성하는 권리다. 자치단체장을 지역구민들이 선출하는 것이 이에 속한다. 자치재정권은 지방정부의 세입과 세출, 예산과 결산을 독자적으로 처리할 수 있는 권능을 의미한다.

물론 지방정부가 아무리 자율성을 누린다고는 해도, 국가체제 안에서 일정한 범위의 활동에 한정되어 업무를 수행하는 것이다. 중앙정부를 무시하고 모든 일을 독자적으로 결정할 수 있는 것은 아니다. 그래도 자율성이 허용된 범위 안에서 지방정부가 각자 독립적으로 판단하여 결정하는 까닭에, 국가 전체적으로 정책의 일관성을 갖추기 어려운 때도 있다. 독립적 판단기구가 많아지므로, 중앙정부의 영향력이나 통제력이 일사불란하게 행사되기 어려워질 수도 있다.

그렇지만 지방자치제도가 민주주의 발전에 필수적이지 않고 국정운영에 상당한 추가비용을 불러올지라도, 그 제도가 더 큰 이익을 가져다준다면 채용할 만한 가치가 있을 것이다. 그 중요한 이익을 몇 가지 살펴보자.

첫째, 국민복지의 증대에 유리하다. 지방정부가 독자적으로 정책을 결정하면, 중앙정부가 전국에 걸쳐 일률적인 결정을 내리는 경우에 비해 지역 특수성을 살릴 수 있다. 지역 주민의 의사를 더 정확히 반영할 수 있으며, 자기 지역에 유익한 정책을 채택할 가능성이 커진다.

둘째, 정책의 선택과 집행에서 지방자치단체들이 선의의 경쟁을 펼침으로써, 국민복지에 유익한 정책을 성공시키려는 노력이 훨씬 강도 높게 추진될 것이다. 그러면 지역 이익을 극대화하려는 경쟁적 노력이 국가 전체의 공익을 손상할 가능성은 없을까? 그렇게 될 가능성은 그리 크지 않다. 만약 국가 전체의 특정한 공익이 지역간 경쟁에 의해 손상될 가능성이 있다면, 대개의 경우 중앙정부만이 담당하도록 법률로 정해둔 사안일 것이다. 국가안보정책이나 외교정책이 그런 경우다.

셋째, 지방자치는 국가체제가 높은 안정성을 유지하도록 하는 동시에, 변화하는 환경에 적응하기 유리한 제도다. 실로 환경의 변화를 감지하기란 쉽지 않다. 덩치가 큰 체제일수록 환경의 작은 변화에 맞춰 적응하기 어려운 법이다. 생명체의 진화에서는 물론이고, 사회적 조직체계에서도 같은 원리가 작용한다. 그렇기 때문에 중앙정부보다 규모가 작은 지방정부는 상대적으로 변화에 적응하기가 훨씬 수월하다. 지방정부의 변화는 부분적인 변화이기 때문에 국가 전체에 주는 충격이 크지 않다. 따라서 지방자치제도는 변화에 적응하면서 국가 체제의 안정성을 유지하는 데 유리하다.

넷째, 지방자치제도가 수립되어 있으면 국가의 정책선택이 현명해질 가능성이 커진다. 독단적이거나 불합리한 중앙의 정책에 대하여 지방정부가 독자적인 목소리를 내며 반발하거나 비협조적으로 나올 수 있기 때문이다. 중앙정부가 독단적으로 결정한 정책은 억지로 밀어붙이기 어려워진다. 따라서 지방자치제도는 민주주의에서 중요시되는 권력분립의 한 가지 형태다. 보통 권력분립이라 하면 3권분립을 떠올리기 쉽지만, 다른 형태의 권력분립도 적지 않다. 지방자치도 그 가운데 하나다. 지방자치보다 더 분립적인 것은 연방제 정부다. 중앙정부와 지방정부가 각자 독자적인 목소리를 내게 되어 있으므로, 불합리하고 불법적인 정책에 대해 서로 견제하고 잘못을 지적하게 만든다. 지방자치는, 3권분립에 더하여, 제2의 견제와 균형의 장치로서, 민주주의를 더욱 공고히 유지하는 데 유리하게 작용할 수 있는 메커니즘이다.

다섯째, 지방자치제도는 국정운영의 창의성을 키우는 데 유리하다. 각 지방정부가 독자적으로 정책을 채택하므로, 전국적 견지에서 보면 다양한 정책이 실험되는 것과 마찬가지다. 더 우수한 정책대안은 다른 자치단체에 의해 모방될 것이고, 열악한 정책대안은 도태될 것이다. 원래 창의성이란 계획적으로 창출할 수 있는 대상이 아니다. 다양한 시도 중에서 더 우수하고 편익이 크다는 평가를 받기 위해 창의성이 요구되고 발현되는 것이므로, 시행착오를 늘리는 것이 창의성을 늘리는 최상의 길이다. 지방자치제도가 없다면 전국적으로 하나의 통일된 정책만 시행될 것이므로, 시행착오를 통한 발전의 기회를 갖기는 그만큼 더 어려울 것이다.

여섯째, 지방자치는 민주주의에 필수적인 요소는 아닐지라도, 민주주의가 훼손되는 것을 막아주는 방어적 기제로 작용할 가능성이 크다. 자치단체들은 독립적으로 움직이므로, 어느 한 자치단체가 비민주적으로 운영되더라도 이를 다른 자치단체가 추종할 가능성은 크지 않다. 오히려 고장 난 지방정부의 민주주의 회복을 정상적인 지방정부가 도와줄 것이다. 앞서 지적하였듯이 중앙정부에 대한 견제와 균형도 민주주의를 강화하는 데 유리하게 작용할 것이다. 주민들의 생활과 밀접한 정책의 결정에 대한 주민의 참여가 높아질 가능성이 크고, 지방정부의 정책에 대한 관심은 중앙정부의 정책에 대한 관심으로 확대될 것이다. 국민(또는 시민)이 정부의 운영에 무관심하다면 민주주의의 발전은 기대할 수 없다.

일곱째, 지방자치제도는 현대사회 정책문제의 복잡성을 부분적으로 해결하는 메커니즘이다. 현대국가에서 다뤄지는 수많은 정책문제는 하나하나가 매우 복잡하다. 그들 사이의 상호 작용까지 감안하면 아무리 현명한 사람이라도 두루 헤아리기가 어렵다. 이런 복잡성을 해결하는 하나의 방법이 바로 분업이다. 서로 다른 주체들이 일정한 영역을 나누어 담당하는 것은, 복잡성을 완화하고 각자의 능력에 맞게 일을 수행하는 좋은 방법이다. 국가정책 중에서 비교적 복잡성이 낮은 것을 지방정부에 맡겨 중앙정부의 업무 부담을 분산시키면, 국가정책의 복잡성은 상당히 완화될 수 있다. 각자 더 잘할 수 있는 영역을 정하여 중앙정부와 지방정부가 업무를 분담한다면, 국가 전체적으로 정책이 원활히 추진될 수 있다.

결론적으로 지방자치제도가 민주주의에 필수적이라고 말할 수는 없을지 모른다.(룩셈부르크나 모나코 같은 작은 나라들은 지방자치 없이도 민주주의를 지속하고 있다.) 그러나 지방자치제도가 없는 것보다는 있는 것이 민주국가 운영에 훨씬 유리하다. 지방자치는 민주주의를 발전시키고 지속시키는 데 아주 유익한 제도로 작용할 수 있다. 일부 지방자치단체들이 불만스럽게 운영될 수는 있지만, 그렇다고 모두가 그렇게 운영되는 일은 상상하기 어렵다. 세상 사람들 중에 사회생활을 잘하는 사람도 있고 못하는 사람도 있듯이, 지방정부도 마찬가지다. 일정 시간이 경과하면, 잘하지 못하는 자치단체에서는 지자체장이나 의원들이 교체될 것이고, 점차 잘하는 자치단체를 따라잡을 전략과 문화가 움트기 시작할 것이다.

8

민주주의는 어떻게 평등을 실현하는가?

민주주의는 인간에 대한 두 가지 가정에서 출발한다.

첫째로 인간은 불완전한 존재라는 가정이다. 왕후장상(王侯將相)이나 장삼이사(張三李四)나 모두 잘못 판단하고, 변덕스러우며, 권력을 잡으면 절제 없이 휘두를 수 있다고 본다. 그래서 민주주의는 3권분립과 같은 권력분립의 원리를 통해 상호 견제와 균형을 이루어 서로의 잘못을 지적하고 바로잡으려고 한다. 그것도 '법의 지배,' 즉 법치주의의 원리에 따라 또 미리 정해진 일정한 법에 따라서만 행동하도록 함으로써 자의적인 권력의 행사를 원천적으로 봉쇄하고자 한다.

둘째로 인간은 자유롭고 평등한 권리를 지니고 태어난 존재라고 가정한다. 〈미국 독립선언문〉(1776)과 〈프랑스 인권선언〉(1789)은 천부인권설에 기초해, 인간의 자유권과 평등권은 창조주가 인간에게 부여한 생래적인 권리(inherent rights)임을 선언하고 있다. 대한민국 헌법 제11조 1항도 "모든 국민은 법 앞에 평등하다. 누구든지 성별, 종교 또는 사회적 신분에 의하여 정치적, 경제적, 사회적, 문화적 생활의 모든 영역에 있어서 차별을 받지 아니한다"고 명시하고 있다.

그러나 현실세계에서 불평등은 곳곳에서 발견된다. 아니 평등보다는 불평등이 원칙이라고 말해야 옳을 지경이다. 그렇다면 인권선언이건, 헌법이건 인간의 평등성을 향상하는 데 무슨 소용이 있다는 말인가? 과연 민주주의가 선포하는 평등권 때문에 사람들의 삶은 더 평등해졌는가? 인간의 자유와 기본권이 손상되더라도 모두가 평등한 세상을 만들어야 한다고 주장하는 공산주의와 다른 점이 무엇인가?

인간은 자유롭고 평등한 삶을 누릴 권리를 하늘로부터 부여받았다고 하지만, 현실은 이와 딴판이다. 우선 인간은 태어날 때부터 불평등하게 태어났다. 타고난 재능과 능력이 다르고, 건강이 다르고, 성격이 다르고, 의지력이 다르다. 그야말로 천차만별이다. 공부 잘하는 사람과 못하는 사람, 노래 잘하는 사람과 못하는 사람, 돈 잘 버는 사람과 못 버는 사람 등등 사람은 제각각이다. 각양각색이다. 그렇다면 천부인권설에 기초한 헌법에 규정된 평등권, 즉 "모든 사람은 평등하게 대우 받아야 한다"는 규정은 그저 규범에 불과한가?

DÉCLARATION
DES DROITS DE L'HOMME
ET DU CITOYEN,
PRÉAMBULE
ARTICLE PREMIER
AUX REPRESENTANS DU PEUPLE FRANCOIS

프랑스 인권선언.

헌법에 명시된 평등권은 일차적으로 '기회의 평등'을 지칭한다. 기회는 누구에게나 공평하게 열려 있고 제공되어야 한다는 의미다. 예를 들어 고등학교 동창회에서 합창단원을 뽑는다고 할 때, 동창생 모두에게 고루 참여의 기회를 줄 뿐 모든 동창생을 똑같이 대접하지는 않는다. 만일 음치인 동창생이 기회의 평등권을 들먹이면서 자기도 합창단에 뽑아줘야 한다고 주장한다면, 그를 뽑아줘야 하는가? 아마도 그런 동창회는 없을 것이다. 기회의 평등은 자격이나 능력이 모자란 사람을 자격자나 능력자와 동등하게 대우하는 것을 뜻하지 않는다. 자격자와 능력자라면 누구에게나 기회가 제공되어야 한다는 의미, 그 이상도 이하도 아니다. 그가 실제로 그 기회를 차지하고 누릴지 여부는 별개의 사안으로서, 그 결과는 이들 간의 경쟁과정에서 결정될 일이다.

다시 합창단원을 뽑는 예로 돌아가 보자. 만일 어느 지역 출신은 배제하고, 어느 집안 출신에게는 우선권을 주는 것은 어떤가? 이런 식으로 누구에게는 제한을 가하고 누구에게는 특혜를 준다면, 이는 누가 보아도 '기회의 평등' 원리를 위반하는 것이다.

이 이치는 대학 입학, 취업, 사업의 성공 등 그 무엇을 막론하고 동일하게 적용된다. 자격이나 능력을 인위적으로 바꾸거나 조정해서가 아니라, 각자가 갖고 있거나 키워온 자질과 능력에 맞는 대학이나 직장에 들어가고, 사업에 성공할 수 있도록 방임하는 것이 '기회의 평등' 원리에 합치한다. 만일 '기회의 평등'을 명분으로 삼아 특정인이나 집단의 입지를 개선하거나 차별한다면, 그것은 다른 사람이나 집단이 누려야 할 '기회의 평등'을 침해하는 결과가 된다.

예컨대 대학입시에서 농촌 학생에게 우선선발권을 주는 소위 농어촌특별전형제도는 언뜻 보면 '기회의 평등'을 실현하는 제도처럼 보일지 모르나, 실상은 간단하지 않다. 사실은 그 반대가 될 수 있다. 쉬운 예로 자녀교육을 위해 농촌에서 이농하여 도시로 왔는데, 그 후 이런 입시제도가 생긴 경우, 이농해 도시로 온 부모(의 자식)의 입장에서 생각해 보라. 더 근본적으로 유독 출신지에 따라서 대학입학의 기회를 우선적으로 제공해야 할 필연적인 이유가 있는가? 그럴 만한 특별하고 정당한 이유가 있는가? 농어촌특별전형제도가 시행된 이후 거꾸로 도시에서 농촌으로 이사 가는 가계가 생겨나고 있는 웃지 못할 현실을 혹시 알고 있는가?

여기서 우리는 '기회의 평등'이 말 그대로 '기회의 평등'이 되기 위해서는 그것이 왜 '법 앞의 평등' 원리와 같이 가야만 하는지를 잘 이해할 수 있다(제3장 참고). '기회의 평등'은 각자가 타고나고 기른 능력이나 자질을 발휘할 기회를 정당한 이유 없이 거부해서는 안된다는 의미에서 소극적으로 해석해야지, 그런 기회를 누구에게나 반드시 주어야 한다는 의미에서 적극적으로 해석하고 적용하면 안된다.

'기회의 평등'을 '결과의 평등'과 혼동해서도 안된다. 어떤 결과에 도전하고 성취할 수 있는 기회를 부여하거나 박탈하는 것과 그 결과를 성취하거나 하지 못하도록 만드는 것은 전혀 다른 차원이다. 누구에게나 좋은 대학에 도전하고 입학할 수 있는 기회는 열려 있고 동일하게 주어져야 하지만, 누가 대학에 들어가느냐는 그 대학이 정한 기준에 누가 더 부합하느냐, 누가 더 실력이 있느냐에 따라 결정되어야 맞다. 그런데 만일 어떤 사람이 '더 실력이 있는' 것은 다른 사람이 누리지 못하는 기회를 그가 누릴 수 있었기 때문이라는 이유를 들어서, 그런 기회를 갖지 못한 사람들에게 보상을 제공해 주어야 한다고 주장한다면 어떤가? 운동장을 평평하게 만들어 주어야 한다는 뜻의 주장이지만, 이것은 '기회의 평등'이 아니라 '결과의 평등'을 실현하려는 의도에서 비롯되는 주장이다.

'결과의 평등'은 자연상태에서 결코 성취될 수 없다. 인간의 삶의 조건은 사람마다 각기 다르다. 어떤 사람은 잘생겼고, 부잣집에서 태어났으며, 또 어떤 사람은 머리만 좋은 것이 아니라 성격도 좋고, 부지런하고, 성실하기도 하다. 그러므로 각자가 성취할 수 있는 크기는 각기 다르다. 이렇게 천차만별인 사람들에게 '기회의 평등'을 보장할 때, 결과가 평등하게 나올 가능성은 전혀 없다. '결과의 평등'을 실현하기 위해서는 반드시 누군가의 자유와 권리를 억압하는 강제력이 행사되지 않으면 안된다. 다시 말해 억지를 부려 평등하게 만들어내지 않으면 안된다. '결과의 평등'이 민주주의와 함께 갈 수 없는 이유가 바로 여기에 있다.

정의를 내세워 '결과의 평등'을 추구하는 사례가 흔하지만, 이런 식으로 평등을 추구하는 것이 정의일 수 없다. 평등과 정의를 제일의 이데올로기로 삼는 사회주의나 공산주의 국가에서 불평등과 부정의가 가장 심하게 나타나는 것은 무엇을 말해 주는가? 불평등한 것을 인위적으로, 억지로 평등하게 만들려고 할 때, 그로 인해 이득을 보는 사람들 편에서 보면 그것이 정의이겠지만, 그 반대편에서 자유와 권리를 억압 받거나 박탈당해야 하는 사람의 입장에서 보면, 그보다 더 불공평하고 정의롭지 못한 일은 세상에 없다.

'결과의 평등'이 민주주의와 함께 갈 수 없다고 해서, 민주주의 국가는 '결과의 평등'을 전적으로 무시한다는 뜻으로 이해되어서는 곤란하다. 민주주의는 '기회의 평등'을 실현하기 위해 진력하지만, 직접적으로 '결과의 평등'을 실현하려고 하는 일은 드물다. 이런 시도는 국민들의 전폭적인 지지를 받기 힘들다. 왜냐하면 '결과의 평등'을 실현하기 위해서는 누군가의 희생이 필요한데, 희생해야 할 입장에 서 있는 사람들의 반대를 물리치기가 힘들기 때문이다. 어떤 국민도 자기가 낸 세금이 자기보다 형편이 나은 사람에게 돌아가는 것을 바라거나 좋아하지 않는다. 이런 이유로 민주주의 국가에서는 일정한 수준의 복지국가적 접근에 만족하는 편이다.

민주주의 국가에서 '기회의 평등'으로 '결과의 평등'을 실현해 보려는 시도가 끊임없이 나타나는 이유도 바로 여기에 있다. 일정한 수준의 복지국가에 만족하지 않는 사람들은 누구도 거부할 수 없는 '기회의 평등' 원리를 빙자하여 '결과의 평등'을 실현하고자 한다. 이런 시도가 결국 '기회의 평등' 원리에 위반된다는 사실은 두말할 필요가 없다.

더 나아가 민주주의 국가에서 이런 음성적이고 불량한 시도가 성공하기도 쉽지 않다. 그런 시도로 인해 손해를 입는 사람들이 반드시 있기 때문이다. 예를 들어 고용 면에서 '소수인종 우대 정책(affirmative action)'을 채택하면 이 정책으로 인해 손해를 보게 된 집단은 자기들이 거꾸로 차별을 받는 셈이라며 역차별(reverse discrimination) 논란을 제기하고, 이 정책의 수혜집단에 포함되지 않은 소수집단은 자기도 그 안에 포함시켜 주어야 한다고 주장할 것이다. 그 결과 이런 정책은 물타기하는 방향으로 흘러가거나 규제의 강도를 계속 완화하는 방향으로 가지 않을 수 없게 된다.

우리는 여기서 '기회의 평등'이 왜 '법 앞의 평등'의 원리와 함께 가지 않으면 안되는지를 잘 이해할 수 있다. 인간의 삶의 모든 영역에서 평등을 주장할 수 있는 것은 아니다. 인간이 정당하게 자신의 평등권을 주장할 수 있는 경우는 '법 앞의 평등' 원리가 적용되는 경우뿐이다. 예컨대 생일 파티에 누구를 초청할 것인가를 정하는 것 같은 개인적인 결정에서 우리는 모든 사람에게 기회를 주지 않는다. 자기가 좋아하는 사람들을 초청한다. 이 상황에서 '법 앞의 평등'을 거론할 사람은 없다. 나도 친구인데 차별하느냐고 불평하는 친구가 있을 수 있다. 그러나 누구도 이것이 정부가 나서서 시정해야 할 일이라고는 생각하지 않는다. 민주주의 국가에서 평등은 철저하게 '법 앞의 평등'이다.

그렇다고 해서 민주주의가 '결과의 평등'에 아무런 기여도 하지 못한다고 해석할 이유나 논리적 근거는 없다. '법 앞의 평등'이 실현되면 경제사회적 약자들이 자기의 처지를 개선할 수 있는 가능성이 크게 열리고 확대되기 때문이다. **민주주의는 '결과의 평등'을 약속하지도 않고 보장할 수도 없는 일이지만, 그런 상태의 실현을 가로막는 일은 없다.**

사실 역사적으로 평등의 보장은 공산주의와 사회주의 국가의 이상으로 떠받들어져 왔다. 하지만 어느 나라에서도 실현된 일이 없다. 민주주의 국가에서는 어떤가? 민주주의 국가가 추구하는 최우선 가치는 국민의 자유와 권리의 보장이다. 그렇다고 평등한 사회를 꿈꾸는 인간의 열정(passion)을 외면한 일은 없다. 역사에서 민주주의를 태동케 만든 원동력은 개인의 자유와 권리에 대한 염원이었지만, 여기에 정치적인 힘을 실어준 것은 평등을 향한 인간의 불 같은 열정이었다.

이런 의미에서 민주주의는 자유를 향한 염원과 평등을 향한 열정이 만들어낸 복합적 산물이다. 민주주의 이전의 어느 시대에도 모든 사람이 (법 앞의) 평등을 누린 시대는 없었다. 대다수 사람이 자신의 자유와 권리마저 옳게 주장하거나 누리며 살지 못했다. **민주주의의 위대함은 자유와 평등이 양립할 수 있도록 만든 놀라운 힘에 있다.** 이런 면에서 인류는 아직껏 민주주의 만한 체제는 찾지 못했다.

얼핏 보기엔 '법 앞의 평등,' '기회의 평등'을 추구하는 민주주의가 국민들의 다양한 삶의 영역에서 평등을 높여줄 것처럼 보이지 않을 수 있다. 그러나 **민주주의의 역사를 보면, 다양한 분야와 영역에서 평등의 수준과 정도는 모두 향상되었다. 평등한 세상을 만들어야 한다는 이데올로기 하에 인간의 자유와 권리를 억압해 온 공산주의 국가보다 민주주의 국가에서 국민의 평등권이 더 신장되었다.** 역설적이지만 이것은 역사적 사실이다. 왜 이런 결과가 생겨나는 것일까?

한마디로 말한다면 민주주의 운영 메커니즘의 우수성 때문이다. 민주주의 국가에서 정치권력은 거의 예외 없이 국민들의 자유, 보통, 비밀 선거에 의해 결정된다. 더 많은 국민이 선호하는 정책을 내세우는 정당이 정권 획득에 유리하다. 한편 국민은 누구나 손해 보기를 원치 않는다. 최소한 차별 받기를 거부한다. 따라서 정치권력은 더 많은 표를 획득하기 위해, 더 많은 국민이 원하는 정책을 개발하여 제시하는 방향으로 나아간다. 불평등을 개선하고 평등을 향상시킬 수 있는 정책을 제시하는 정당이 선거에서 단연 유리하다. 선거가 거듭되면서 국민의 평등은 기회에서뿐만 아니라 실질적인 삶의 모양에서도 개선되는 방향으로 나아간다. 공산주의에서는 이런 결과를 낳을 경쟁 메커니즘이 아예 존재하지 않는다.

민주주의 국가에서 평등이 증진되는 또 다른 메커니즘은 직업선택의 자유와 같은 자유권의 신장이다. 직업선택의 자유는 경제구조에 분업과 교환이 활발히 일어나게 만든다. 누구나 자기가 좋아하는 직업을 선택할 수 있으므로, 더 열심히 일하고 그것도 창의적으로 하려 한다. 경쟁에서 지지 않아야 하기 때문이다. 다양한 분야에서 전문가들이 생겨나고, 명인과 장인, 달인 들이 속속 등장한다. 그럼으로써 생산성 향상을 통해 소득을 증진하고, 사회적 지위를 향상한다. 자유로운 상거래는 교환을 촉진한다. 각자 자기 분야에서 교환을 잘할수록 큰 소득을 올리고, 사회적으로 인정을 받게 된다. 그 결과 사회 전체적으로 잘사는 사람의 수가 증가하고, 남의 눈치 보지 않고 살아가는 사람들이 늘어난다. 결국 시장경제가 심화되고 산업이 발달하면서, 중산층이 두꺼워진다. 민주주의를 건전하게 운영하는 나라들이 선진국 대열에 들어가 있는 것은 이런 민주주의의 자유로운 메커니즘 때문이다.

이와 대조되는 것이 공산주의 국가들이다. 공산주의 국가는 외형적으로 평등을 추구한다고 내세우지만, 공산당 일당독재에서 벗어나지 못하고, 따라서 평등을 개선할 더 나은 정책은 나오지 못한다. 아무런 경쟁압력을 느끼지 않는 공산당 일당독재 정권은 국민의 삶을 개선하기보다는 자기들의 부와 권력을 보장하고 키워줄 권력의 유지를 위해 온갖 노력을 기울인다. 반체제 인사들은 정의의 이름으로 숙청된다. 공산주의 자체는 정의감에서 출발했을지 몰라도, 정의로운 공산주의자는 찾아보기 어렵다는 것이 역사의 교훈이다.

사실 공산주의 국가들은 오히려 구조적 불평등을 제도화하는 경향이 강하다. 구소련, 중국, 북한 어디를 막론하고 불평등이 얼마나 심한가? 모두가 평등해야 한다고 떠들지만, 불의를 일삼으며 호의호식하는 자는 공산당 간부들과 그들을 비호하는 세력들뿐이다. 힘없는 대다수 인민들은 '평등하게' 헐벗고 굶주리면서도 '짹소리'조차 내지 못하는 채 살아야 한다. 소리를 내는 순간 죽음이기 때문이다. 공산주의가 처음 등장한 20세기 초부터 지금까지 공산주의 체제에서 숙청을 당해 죽은 사람이 1억 명에 달한다는 보고가 있다.

민주주의 국가에서 평등의 수준이 향상되었다고 하지만, 부익부 빈익빈 현상은 골칫거리 중 하나다. 불평등은 경제적인 측면에만 있는 것은 아니다. 정치, 사회, 문화 측면의 불평등이 모두 경제적인 불평등 때문에 야기되는 것도 아니다. 물론 경제적 불평등이 가장 큰 문제인 것은 사실이지만, 경제적 불평등을 원천적으로 차단하겠다는 의도나 시도는 무모하다. 사람들의 역량에 차이가 있고, 관심이 서로 다르고, 추구하는 이상이 다른 점을 인정해야 한다. 불평등의 발생은 피할 수 없다. 문제는 유무의 문제가 아니라 정도의 문제이다.

비유하자면, 비가 너무 많이 와서 홍수가 나면 많은 사람이 피해를 입을 수밖에 없다. 부익부 빈익빈 현상이 심화되어 대다수 국민이 생활하기 어려운 상태가 되면, 이들의 저항을 막거나 민주주의를 지탱하기 어렵다. 체제의 정당성을 수긍할 사람이 없어지기 때문이다. 민주주의 국가들이 심각한 경제적 불평등을 개선하려 애쓰는 것은, 홍수를 막기 위해 댐을 건설하고 사방사업을 하며 강둑을 보강하는 것과 같은 이치이다. 비가 많이 오는 것을 막으려고 하는 어리석은 짓을 하지 않는다. 부의 편중을 막고, 절대빈곤을 완화하기 위해 적절한 정책을 펴는 것은, 민주주의 국가의 중요한 역할 중 하나다. 경제적 불평등을 완전히 차단하는 것은 불가능하지만, 민주주의 국가들은 극심한 불평등을 개선하여 사회적 역동성을 높이려는 노력을 계속하고 있다. 복지정책의 확대가 대표적이다.

민주주의 국가들은 자유권이나 평등권과 마찬가지로 개인의 노력의 산물인 재산권을 보장하는 선에서 경제적 불평등의 온건한 시정을 추구한다. 공산주의 국가들은 완전히 다르다. 이들은 부의 강제적 재분배를 추구한다. 많은 재산을 가진 사람의 재산을 강제로 빼앗아 인위적으로 배분한다. 인위적 평등은 잠깐의 평등을 만들어낼지는 모르나, 장기적으로 모두가 가난해지는 부정적 평등을 초래하고야 만다.

중국이나 북한은 공산화되면서 부자들의 재산을 몰수하였다. 평등한 세상을 만드는 것처럼 보였지만, 불평등은 공산화 이전보다 심해지고 국가경제는 침몰하였다. 사회적 역동성과 창의력이 죽어버린 탓이다. 오늘날의 중국은 공산당 일당독재의 사회주의 체제를 유지하되, 자본주의를 대대적으로 도입하였다. 경제가 살아난 것은 사실이지만, 중국의 사회적 경제적 불평등의 정도는 우리의 상상을 초월한다.

결론적으로 민주주의가 추구하는 평등은 '법 앞의 평등'이다. 다시 말하자면, 법의 영역이 아닌 부분에서 불평등은 자연의 순리임을 인정한다. 그러면서도 불평등이 민주주의 체제를 위협하는 수준에 도달하는 것은 사전에 막으려고 노력한다. 또 국민 개개인의 창의와 자발적인 노력을 진작함으로써, 누구나 자신의 이상을 더 잘 실현할 수 있는 여건과 환경을 만들어주는 데 역점을 둔다. 이런 과정을 통해 방치할 수 없을 정도의 불평등은 자연스럽게 해소되어 나가기를 기대한다.

평등은 거의 언제나 정의의 탈을 쓰고 나타나는 경향이 있다. 인간의 감정에 호소하기 위해서다. 그러나 곰곰이 생각해 보자. 완전히 평등한 사회가 더 좋은 사회일까? 내가 바라는 사회는 과연 완전히 평등한 사회인가? 자문해 볼 필요가 있다. 완전한 자유에서 방종을 보듯이 완전한 평등은 인간의 나태와 무기력을 불러들이고, 급기야 모두가 나락으로 떨어지게 만든다. 평등을 주창하는 공산주의의 사악함이 바로 여기에 있다.

9

복지국가는
민주주의의 이상향인가?

"복지국가는 우리나라가 도달해야 할 이상향인가?"라고 물으면, 아니, 그걸 질문이라고 하느냐고 반문할 사람들이 아주 많을 듯하다. 그만큼 복지국가는 이제 기정사실로 받아들여지고 있다.

'복지=넉넉하게 사는 것,' '복지=모든 사람이 평등하게 잘사는 것' 같은 복지라는 말이 가진 긍정적이고 적극적인 의미 때문일까? 국민의 복지를 젖혀두고 국가가 더 힘써야 할 다른 일이 없다고 생각하기 때문일까? 아니면 자신이 가난하고 힘든 사람들을 적극적으로 나서서 돕지 못하는데 국가가 나서서 돕는다니, 마음속 빚과 짐이 덜어지는 느낌이 들어서일까? 그 어떤 이유에서든 이해할 수 있는 일이긴 하지만, 복지국가는 그리 간단하게 생각하고 넘길 대상이 아니다.

복지국가는 단순하게 [복지 + 국가]가 아니다. 자유민주주의 국가가 지향해야 할 이상향은 더욱이 아니다. “가난 구제는 나라[나랏님]도 못한다”라는 우리 속담이 있다. 이 속담에 고개를 끄덕이는 사람이라면 복지국가 지향에 의문을 품어 마땅할 터인데, 도무지 그런 것 같지가 않다. 가난 구제가 국가의 책임이 아니라는 데 이 속담의 본뜻이 있지 않다. 남의 가난한 살림을 잠시 도울 수는 있지만, 그 일은 끝이 없는 일이라서, (평범한 개인은 물론이고) 나라의 힘으로도 구제할 수 없다는 뜻이다. “하늘은 스스로 돕는 자를 돕는다”는 미국 속담도 같은 의미이지만, 이 속담에는 자구(自救)노력의 필요성, 자기책임 의식의 중요성이 함축되어 있다.

어쨌거나 이런 속담들과는 달리, 역사상 백성의 가난을 마냥 방치한 국가는 별로 없었다. 폭정을 일삼는 극악무도한 독재국가들을 빼고는 가난한 백성의 구휼(救恤)을 선정(善政)의 중요한 표징으로 삼았다. 그러나 이런 국가를 복지국가라고 부르지는 않는다.

복지국가라는 용어가 처음 등장한 것은 19세기 후반 유럽에서다. 당시 산업혁명 이후 실업, 빈부격차 등 소위 자본주의의 폐단(이라는 것)들이 사회문제로 부각되면서 국가가 나서서 이런 문제들을 해결해야 한다는 주장이 힘을 얻기 시작했다. 복지국가(welfare state)의 이념을 처음으로 들고 나온 사람들은 영국의 페이비언(Fabian) 사회주의자들이었다. 점진적 제도개혁

'새로운 세계'를 건설하는 데 도움을 주는
페이비언 사회주의자들의 모습을 그린 스테인드글라스.
조지 버나드 쇼가 디자인하였다.

의 주창자였던 로마의 장군, 파비우스(Fabius)의 이름을 딴 페이비언 사회주의자들은 사회주의를 추종하되 점진적 실천을 주장하는 일파였다.

"국가를 국민의 집으로!" "개인의 성공과 관계없는 생활의 안정을!" "요람에서 무덤까지!" 등의 모토를 앞세운 페이비언 사회주의는 산업혁명의 중심지였던 영국에서보다도 북유럽 국가에서 더 큰 호소력과 영향력을 발휘하였다. 이유는 간단하다. 인구가 수백만 명에 불과한 국가들이다 보니, 이런 모토와 선전구호들이 더 쉽게 먹혀들어 갈 수 있었다. 아무튼 유럽에서 주창된 복지국가론은 이후 20세기 초반의 대공황, 그리고 케인즈 경제학에 기초한 혼합자본주의 사상의 등장 등에 힘입어 빠른 속도로 유포되었고, 공산주의의 발흥도 이런 동향에 일조하였다. 이런 과정을 거쳐 오늘날 복지국가는 핵심적인 국가이상(rai · son d'é · tat), 더 나아가 국가의 존재이유로까지 주창되고 있다.

이런 역사적 배경의 검토가 말해 주듯이, 복지국가라는 용어는 단순하게 '복지'와 '국가'라는 두 단어의 결합이 아니다. 복지국가는 자유민주주의 국가와는 근본적으로 다른 내용과 뿌리를 가진, 국가에 대한 새로운 관념이다. 자유민주주의 국가치고 복지정책 추진에 반대하는 국가는 하나도 없다. 자유민주주의 국가 역시 국민의 복지를 중시한다. 자유민주주의 국가는 마치 복지정책을 배격하는 것처럼, 또 오직 복지국가만이 복지를 중시하는 것처럼 주장한다면 이는 철저한 오해의 소산이다. 누구나 잘사는 사회는 복지국가만의 꿈이 아니다. 이 꿈이 없이 어찌 자유민주주의 국가가 오늘날 모든 인류의 이상을 대표하는 국가형태가 될 수 있었겠는가?

양자의 중대한 차이는 국민의 복지를 위해서라면 국민의 자유, 인권과 재산권을 침해해도 좋다고 생각하는지 여부에 있다. 복지지상주의자들은 그렇게 생각하고 행동하지만, 자유민주주의자들은 어떤 이유와 명분으로든 국민의 자유, 인권과 재산권을 앞서는 가치는 없다고 믿는다. 이런 차원에서 복지국가적 접근은 자유민주사회를 전체주의 사회로 이끌어갈 '트로이의 목마'라고 생각한다.

왜 자유민주주의자들은 복지국가의 이상을 자유민주주의 체제에 대한 위협으로 간주하는가? 왜 국가의 책무에서 (직접적인) 국민복지의 보장보다 국민 개개인의 자유와 권리의 보장이 중요하고 더 우선적이라고 주장하는가? 간단히 말해 국가가 모든 국민의 복지를 책임지겠다고 나서면, 국민의 자유와 권리가 야금야금 침해되다가 결국은 송두리째 빼앗기고 마는 상태에 도달한다고 보기 때문이다. 정부와 국민의 주종관계가 전복되어, 국민들이 사실상 국가의 처분이나 기다리고 바라보는 노예와 다름없는 상태로 전락하고 말 위험성이 복지국가의 이상 속에 잠재되어 있다고 보기 때문이다. 무슨 뜻인가?

복지국가를 민주주의 국가의 절대적인 이상으로 내세운다면, 그 이상을 구현하기 위해 전체주의적이고 중앙집권적인 국가계획을 세워서 추진하는 것은 당연지사가 된다. 국민이 가진 것(재산과 소득)말고는 따로 가진 것이 없고, 자체적인 생산능력이라고는 거의 없는 존재인 국가가 더 많은 복지를 책임지고 점점 더 많은 복지 서비스를 제공하려면 국민들로부터 더 많은 세금을 거두어가는 수밖에 없다. 또 지원대상 서비스와 수혜자의 범위를 계속 확장해 나가다 보면, 필연적으로 개인의 자유와 재산에 대한 침해가 불가피해진다.

더 나아가 중앙집권적 계획과 통제에 의존하는 국가운영은 점차 또 필연적으로 사회주의로 흘러가게 된다. 공동의 사회목적을 구현한다는 핑계로 개인의 선택의 자유, 자유로운 재산권 행사는 점점 더 제약을 받지 않을 수 없게 된다. 더 나아가 사회주의적인 경제사회의 운영은 필연적으로 자유경쟁시장에서 오는 창의성과 역동성을 억누르게 된다. 그러면 사회와 경제의 발전은 둔화되고, 정체 상태에 빠지게 된다. 이것이 영국과 스웨덴을 비롯한 북유럽 나라들이 당도한 1980~90년대의 상황이다. 이런 상황의 전개가 말해 주는 것은 무엇인가? 주객전도(主客顚倒)요 본말전도(本末顚倒)이다.

나 자신도 어떻게 해야 행복하게 될지 잘 모르는데, 과연 국가가 나서서 나를 행복하게 만들어줄 수 있을까? 국가가 국민의 행복을 책임지겠다고 나서는 순간부터 국가의 역할은 지속적으로 또 무한대로 확대될 수밖에 없다. 중앙집권적 계획과 통제에 따른 국가운영의 실패는 더 큰 계획과 통제로 이어져 악순환을 계속하게 된다. 국가가 이런 상태에 이르면, 일부 국민의 저항과 반발이 강해질 것이다. 하지만 '모두가 고루 잘사는 사회'의 건설이라는 높은 도덕적 고지(moral high ground)를 차지하고 있는지라, 또 법률에 근거해 국민의 자유와 권리를 야금야금 파먹는지라, 이들의 저항은 힘을 발휘하지 못한다. 한편 대다수 국민은 복지의 달콤함에 취해 이내 들이닥칠 국가의 재앙이 눈에 들어오지 않는다. '퍼주기'에 여념이 없던 국가들이 하나같이 국가부도 사태에 빠졌거나 그 언저리를 맴도는 것이 현대 복지국가의 역사적 증언이다.

국가는 개인의 행복이나 복지를 책임지고 해결할 '용빼는' 재주나 능력을 갖고 있지 않다. 마치 그런 것처럼 달콤하게 속삭이는 위정자나 정치인들은 사기꾼에 가깝다. 복지 혜택의 특성상 복지국가로 나가기는 쉬워도 되돌아서기는 매우 어렵다. 누가 한번 받은 것을 다소곳하게 내어놓으려 하겠는가? 복지국가의 역사는 이 점을 명확하게 증명해 주고 있다.

복지국가 지향의 초기에는 취약계층에 대한 최소한의 사회안전망 제공이 복지국가의 목표였다. 이것이 초기의 복지국가

개념이었다. 어느 사회에서든 경쟁에서 낙후되어 어려움을 겪고 고통을 받는 계층은 있기 마련이므로, 이들을 부조하는 일은 사회와 국가의 당연한 의무로 이해되었다.

이러한 의미와 차원의 복지를 **선택적 복지**라고 부른다. 복지정책의 대상자가 특정적이고 제한적이라는 의미에서다. 선택적 복지는 국가의 재정능력으로 감당할 만하고 국민의 동의 하에 추진되는 것이라면, 크게 문제 삼을 것이 없다. 복지국가의 실현을 이상으로 삼지도 않을뿐더러 국가의 도움을 받을 만하다고 인정된 소수의 사람을 대상으로 한정적으로 도움을 주는 데 그치기 때문이다.

이에 비해 오늘날 많은 사람이 이해하고 있거나 막연히 기대하는 복지국가는 선택적 복지가 아니라 **보편적 복지**의 개념에 입각하고 있다. 사실상 모든 국민의 삶을 돌보는 그야말로 전면적인 차원의 복지국가 실현을 이상으로 삼고 있다. 선택적 복지로부터 보편적 복지로의 개념 전환은 보통 일이 아니다. 보편적 복지는 필연적으로 복지국가의 실현을 이상으로 삼도록 만든다. 더 나아가 복지국가의 실현이 이상으로 자리 잡으면 이를 막아서거나 돌이키는 일은 쉽지 않다. 이상적인 국가를 건설한다는데 누가 감히 맞설 수 있겠는가? 복지국가 지향에 대한 비판은 곧 부도덕하고 반사회적인 일이 되고 만다. 전체의 이익을 위해 개인 몇몇 사람의 자유와 이익을 희생하는 것은 부득이하다는 전체주의적 발상이 판을 치고, 그러면 국가권력에 채워졌던 제한적 정부의 족쇄는 하나둘 풀려나가고 만다.

복지국가의 역사를 훑어보면 선택적 복지 개념에서 보편적 복지 개념으로 전환하는 것은 단지 시간문제였음을 쉽게 알 수 있다. 이유는 간단하다. 누구나 내기는 싫어하지만 받기는 좋아하기 때문이다. 더구나 국민의 이런 성향을 잘 아는 정치인들이 이 심리를 너무나도 교묘하게 이용해 왔기 때문이다. 민주주의 국가에서 국가가 더 많이 베풀도록 하겠다는 선거공약은 투표자들의 귀를 솔깃하게 만들기에 충분하다. 지금 누리는 달콤함이 장차 무거운 짐이 되고 악몽으로 되돌아올 것은 내다보지 못한다. 자기만이 책임질 일도 아닌지라 모르는 척 눈을 감기 쉽다.

선택적 복지든 보편적 복지든, 복지 프로그램은 공짜인 게 없다. 국가사회 전체가 대가를 치러야 한다. 어려운 사람에게 이익만 돌아가는 것도 아니고, 모든 국민의 행복이 증진되기만 하는 것도 아니다. 복지 프로그램은 국가가 정한 조건에 합치된 국민들에게 돈을 직접 주기도 하고, 직접적으로 서비스를 제공하기도 한다. 한마디로 엄청난 돈이 들어간다. 국가가 쓸 수 있는 돈은 국민들로부터 세금을 더 거두어 들이거나 공공부채의 형태로 빌리는 수밖에 없다. 세금 부과는 사회가 그만한 부를 창출할 능력이 있어야 가능하고, 부채는 차후에 누군가 돈을 벌어서 갚아야 한다. 공공부채는 미래세대에게 부담을 미루는 것이다. 현세대의 복지를 위해, 지금 잘 먹고 살기 위해 미래 세대의 희생을 강요하는 일이 과연 옳은 일인가? 자식을 가진 부모가 간단히 생각할 수 있는 문제인가?

복지 프로그램의 확대에 따라 국가재정은 고갈되며 위기상황을 향해 치닫기 쉽다. 복지를 위한 재정지출은 확장하기는 쉬워도 줄이기는 거의 불가능하다. 반면 늘어가는 재정지출에 충당할 세수는 경제상황과 여건변화에 따라 크게 증감된다. 부족한 부분은 돈을 빌려서라도 메꾸지 않을 수 없는지라, 복지지출의 증가는 국가의 적자재정을 불가피하게 만든다. 계속되는 적자재정은 국가적 재앙의 도래를 암시하지만, 이렇게 파국을 향해 달리는 기관차를 멈출 방법은 거의 없다. 정치적으로 불가능에 가깝다. 각종 복지 프로그램에 맛을 들일 대로 들인 국민들에게 복지를 줄이겠다는 선거공약을 내걸 정치인을 현실세계에서는 찾기 어렵다. 무분별한 복지지출의 확대로 경제발전의 발목이 잡히고 급기야 파국에 이르고 만 국가들의 예를 찾기는 어렵지 않다.

이런 여러 위험에도 불구하고 굳이 복지 프로그램을 채택해야 한다면, 경제규모와 여력을 감안하고, 또 미래에 대한 충격을 고려하는 범위에서 적게 꾸려가야 한다. 이것이 당위이다. 복지 프로그램을 분수에 맞지 않게 확대하기 시작하면, 그것도 집단적이고 전체주의적으로 추진하면, 얻는 것보다 잃는 것이 많다. 우리나라의 국민연금이나 의료보험에서 보듯이, 본인의 의사와 상관없이 가입을 강제하고, 보험료나 연금 기여금의 납부 의무를 지우며, 정부의 일방적인 규칙과 규제에 따라 서비스를 제공하도록 하면 경제사회는 획일성과 경직성의 늪에 빠지게 된다. 국민의 편에서는 자기의 자산으로 자신의 구미에 맞는 보험이나 연금을 선택할 권리가 제약되고, 개인의 재산을 일정한 범위에서 보호 받지 못하는 결과가 초래된다. 창의성이나 다양성은 숨통이 막힌다. 자유민주주의가 가장 중요한 이념과 가치로 여기는 개인의 자유와 책임이 부식되면, 사회의 창의와 다양성은 소멸한다.

복지 프로그램으로 치러야 하는 가장 심각한 대가는 아마도 건전한 국민정신의 쇠퇴일 것이다. 복지제도가 발달하면 많은 국민이 복지 서비스의 수혜를 당연시하고 정상으로 생각한다. 오히려 국가에서 적절한 서비스를 제공하지 못한다고 불평하게 만든다. 개개인의 문제를 스스로 책임지고 해결하려 하지 않고 '사회의 책임'으로 떠넘기려는 사고방식에 자기도 모르게 젖어들어가게 된다. 이런 풍조를 낳는 것은 복지를 특별한 혜택으로 여기기보다 국가로부터 당연히 받아야 할 권리 또는 청구권(claim)으로 착각하기 때문이다. 이런 사고방식과 습관은 매우 빠르게 파급되고 재생산된다. 복지 서비스가 많아질수록 자신의 자유의지로 도전적으로 자기 문제를 해결하기보다는 사회의 탓, 남의 탓으로 돌리는 책임회피의 정서가 늘어난다.

자유에는 책임이 따른다. 그런데 웬만한 문제는 국가의 복지 기관이 해결해 줄 것으로 기대하고 또 그것을 권리로서 요구한다면, 이는 민주주의 국가의 옳은 시민이라고 보기 어렵다. 자유에 수반되는 책임이 싫어서, 자기의 자유를 포기하려는 경향을 에리히 프롬(Erich Fromm)은 일찍이 "자유로부터의 도피"라고 불렀다. "자유로부터의 도피"의 결과는 국민이 정부의 노예로 전락하도록 만드는 것 외에는 없다.

복지 프로그램의 확산이 일으키는 착각과 착시 현상은 한두 가지가 아니다. 복지 프로그램이 일반화되면, 국민들은 정부가 일방적이고 획일적으로 정한 보험이나 연금에 강제로 가입하지만, 미래에 일정한 서비스와 소득이 지급될 것으로 기대하게 된다. 미래의 보장된 소득은 시민들의 장기적인 행동 유인에 변화를 초래한다. 미래에 일정 소득이 보장되고 있다는 사실은 기대소득의 증대를 의미하고, 이것은 마치 생활이 풍요로워진 살기 좋은 나라에 사는 기분이 들게 만든다. 이렇게 들떠 일어나는 과잉소비 풍조는 복지 서비스의 혜택으로 삶의 풍요를 누려 보려는 의존적 문화가 자라도록 만드는 반면에 자신의 도전과 노력으로 새로운 것을 성취하려는 욕구는 감퇴하도록 만든다. 도전정신이나 책임의식이 쇠퇴하고, 공공적인 시민정신도 크게 위협 받는다.

복지국가를 지향해 가노라면, 아이러니컬하게도, 경제사회적 약자들에 대한 시민들의 동정심은 점차 줄어든다. 자선행위에 대해서도 인색해진다. 약자에 대한 복지는 국가가 책임지는 일이므로, 자신이 신경 쓸 문제가 아니라고 자위하게 된다. "국가는 무얼 하고 있느냐?"고 불평을 늘어놓으며, 민주시민으로서 져야 할 자기의 책임은 내팽개치기 쉽다.

복지국가의 중요한 목표 중 하나가 국민통합이고, 국민 간의 위화감 해소이다. "모든 국민이 고루 잘사는 사회," 그래서 "서로 화합하는 사회"로 가는 것이 목표이다. 하지만 실제는 이와 반대일 가능성이 더 높다. 왜 그런가? 예를 들어 정부가 노인복지를 위해 틀니를 보조해 주기로 했다고 하자. 그러면 이가 나쁜 노인들은 좋아하겠지만, 귀가 나쁜 노인들은 보청기 보조를 안해 준다고 불평하기 마련이다. 이러다 보면 노인복지는 걷잡을 수 없이 확대되는데, 복지를 감당해야 할 젊은이들의 생각은 어떨까? 세금을 더 내야 하는 젊은층은 자기에게 매우 필요하고 중요한 안경 하나도 마음에 드는 것을 사서 쓰지 못하는 자신의 처지를 되돌아보며 무슨 생각을 할 것인가? 바로 이런 이유로 복지국가는 국민통합이 아니라 국민의 정서적 분열을 조장하기 쉽다. 이것은 복지국가가 지향하는 평등 개념의 내재적 속성이고 불가피한 결과이다. 평등의 문제는 건들수록 커진다. 평등하게 만든다는 것이 또 다른 차원에서 불평등을 만들어내고, 또 다른 측면에서 불평등을 의식하도록 만든다.

참으로 역설적이며 모순투성이인 것이 복지국가의 이상이다. 제2차 세계대전 후 20~30년간 복지국가의 길로 매진했던 서구 선진국들이 오늘날 예외 없이 복지국가로부터 후퇴(retreat from welfare state)의 길을 빠르게 걷고 있는 것은 복지국가의 아이러니와 모순을 처절하게 깨달았기 때문이다. 자유민주주의와 시장경제 체제의 원리에 충실하는 것말고는 이런 모순과 부조리의 치유 방법이 없다는 결론에 이르렀기 때문이다.

서구의 복지 선진국들은 복지국가의 행정이 얼마나 복잡하게 꼬일 수 있는지도 잘 보여주었다. 복지행정은, 전통적인 법과 질서를 중심으로 하는 행정과는 달리, 서비스 제공이 중심이 된다. 고도의 기업경영 마인드가 요구되는 수많은 복지 프로그램을 국가기관이 운영하기 시작하면, 정부관료제 조직에 나타나기 마련인 경직성과 형식주의가 만연하게 된다. 각종 비능률은 말할 것도 없고, 친절이나 편리하고는 거리가 먼 서비스의 제공이 당연지사가 된다. 이런 문제점들을 고려하여 종교기관 또는 비영리 자선기관 등에 위임하거나 민간부문을 동원하기도 하지만, 관청의 감독과 간섭이 초래하는 문제점들을 비켜갈 수 없다.

이유는 간단하다. 복지정책 프로그램은 운영자의 선한 의도를 가정하지만 이런 가정은 매우 비현실적이다. 국가기관이 직접

관장하든 민간기관이 대행하든 마찬가지다. 복지 시스템 자체가 부정과 부패의 복마전으로 변모될 가능성이 아주 크다. 미국 등 선진국에서도 복지지출의 약 20~30%가 각종 부조리와 부패로 줄줄 새나가는 것으로 보고되는 정도이니, 더 말해 무엇하랴.

결론적으로 복지국가는 민주주의의 이상향이 아니다. 경쟁에서 낙후되어 어려움을 겪는 사람들을 도와주는 사회부조 차원의 복지정책은 필요하지만, 보편적 복지로 모든 국민의 행복을 보증할 것처럼 떠들어대는 복지국가 이론의 허황한 약속에 속아 넘어가면 안된다. 부분의 논리와 전체의 논리가 항상 같이 가지는 않는 법이다. 개인적으로 생각해 보면 좋은 일일 수 있으나, 국가 전체적으로 보면 수많은 문제점이 도사리고 있다. 무엇보다도 복지국가가 전체주의적이고 정부 주도적인 중앙계획과 통제체제로 나가는 것이 필연적이라는 사실을 잘 이해한다면, 복지국가가 실패할 수밖에 없다는 추론은 어렵지 않을 것이다. 현대 역사는 이 점을 명백히 증거하고 있다. 역사로부터 배우지 못하는 국민만큼 어리석은 국민은 없다.

자유민주주의의 원칙인 개인의 자유와 재산권의 존중, 그리고 개인의 책임으로 기업을 운영하는 자유경쟁시장 체제에 충실할 때 국민 각자는 자신의 최대 행복을 창의적으로 추구할 수 있다. 복지는 현실을 조금씩 역량에 맞게 개선하는 방안으로서의 복지여야 한다. 그래야 복지가 자유민주주의의 이념과 공존하고 병행할 수 있다.

복지국가를 한다고 자유민주주의가 우리에게 주는 금과옥조(金科玉條)의 이득들, 특히 경쟁으로부터 얻는 합리성과 예지, 자유와 책임의 동행, 토론과 비판, 오차수정을 통한 학습의 이익 등을 놓쳐서는 안된다. 복지 프로그램은, 의도 면에서는 더 나은 사회를 추구하는 것인지 모르지만, 결실에서는 자유민주주의로부터 얻는 예지와 학습을 포기하도록 만드는 것이나 다름없다. 비현실적이고 비합리적인 이상의 추구는 결과적으로 더 나은 사회를 향한 진전을 멈추거나 후퇴하도록 만들 뿐이다.

10

포퓰리즘,
왜 무서운가?

"국민의 뜻을 잘 받들어야 민주정부 아닌가요?"

"국민들이 원한다는데 정부가 왜 막습니까? 그게 민주정부입니까?"

이런 말과 표현은 민주주의를 빙자한 포퓰리즘(populism) 정치의 텃밭이고 온상이다. 무상급식, 무상보육, 무상의료, 반값대학등록금 등 무상 시리즈 복지정책과 제도들이 대표적이다. 이것들은 대다수 국민이 원하고 좋아한다는 이유로 졸속 도입되었으나, 시행과정에서 재정부담 등 다양한 문제점들이 노정되자 비로소 생각을 고치는 국민이 늘어나고, 정당들도 뒤늦게 서로 '네 탓' 타령은 할지언정 누구도 나서서 강력하게 폐지를 주장하지 못한다.

왜 이렇게 되는 걸까? 국민의 머릿속에 포퓰리즘과 민주주의의 구분이 뚜렷하지 못하고, 경계선이 불분명하기 때문일 것이다. 한마디로 말해 포퓰리즘과 민주주의는 분명히 다르다. 포퓰리즘은 "대중의 인기에 영합하는 혹은 대중의 뜻에 따르는 정치사상과 활동"이다. 간단히 말하면 대중영합주의이다. 포퓰리즘은 대다수 국민의 요구나 압력에 영합하는 것으로서, 국민의 의사를 존중하는 것과는 전혀 차원이 다르다.

민주주의는 국민의 의사를 존중하는 정치체제이다. 하지만 존중과 영합은 다르다. 민주주의는 국민의 의사를 최대한 존중하되, 실제적으로는 천차만별의 견해와 생각을 가진 '국민의 뜻'이 무엇인지 도무지 알 수 없는지라, 그것의 실체에 가까운 것을 찾기 위해 토론과 비판의 과정에 의존한다. 이에 반해 포퓰리즘은 대중영합주의적인 정치인이 대다수 국민이 환영할 만한 사업이나 프로그램을 공약으로 제시하여 정권을 잡거나 정권을 유지하는 방식으로 추진된다.

포퓰리즘은 이런 계산을 할 줄 아는 사람들이 애용하는 정치전략이다. 이들이 노리는 것은 국가권력의 획득과 정권의 유지이다. 정책의 현실타당성, 합리성, 중장기적 결과 따위는 안중에 없다. 국민의 인기를 모아 권력을 잡고 권좌를 유지해 나갈 수만 있다면 민주주의의 이름을 팔아 무슨 일이든 할 준비가 되어 있다.

민주주의가 가장 경계하는 대상이 다수에 의한 폭정(tyranny

of majority)이고, 이것의 전형이 포퓰리즘이다. 그것은 다수결의 원리에 따르는 게 민주주의라는 단순한 도식에 기초해 있고, 다수가 원하는 대로 하는 것이 민주주의라는 심각한 오해를 먹고 산다. 하지만 다수가 원하는 대로 하는 것은 단연 민주주의가 아니다. 민주주의가 다수결 원리를 수용한 것은 그것이 무조건 옳고 좋아서가 아니다. 다른 더 나은 방법이 없어서일 뿐이다.

포퓰리즘의 가장 큰 문제점은 정치적 무책임이고, 정치적 책임의 실종이다. 대다수 국민이 원하는 것을 대다수 '국민의 뜻'을 잘 파악하는 자칭 '민주적인' 정치인이 앞장서서 정책화하거나 프로그램화하고, 그것을 대다수 국민이 쌍수를 들어 환영한 꼴이니, 그것이 잘못될 경우의 책임은 누구에게 물어야 하고 돌아가야 하는지 알 수 없게 된다. 이런 정책이나 제도의 도입과 시행과정에서 당연히 반대하는 소수가 있지만, 이들은 효과적으로 포퓰리즘을 막아서거나 책임을 물을 정치적 힘이 없다. 포퓰리즘은 민주주의에 반한다고 말하는 이유가 바로 여기에 있다. 포퓰리즘은 민주주의의 탈을 쓰고 민주주의가 가장 보호해 주어야 할 소수에게 폭정을 가하는 것이나 다름없기 때문이다. 다수의 폭정 속에서 소수의 비판이나 경고의 목소리는 모기소리만큼의 힘도 지니지 못한 채 묻히고 만다. 물론 포퓰리즘의 피해자는 소수만이 아니라 온 국민이지만 말이다.

포퓰리즘의 주된 무기는 선동이다. 선동이 잘 먹혀들게 하려면 국민의 마음속에 숨어 있는 열망, 시기와 질투, 분노에 불을 붙이면 좋다. 포퓰리스트들은 이 분야의 기술자들이다. 포퓰리즘을 페론주의(Peronism)라고도 부르는데, 아르헨티나의 페론 대통령이 그 원조(元祖)이기 때문이다. 후안 페론은 1946년 쿠데타에 가담하여 노동부장관을 하다 노동계층의 절대적 지지에 힘입어 1951년에 제1차로 대통령의 권좌에 올랐다. 수입통제 등의 폐쇄적인 대외 경제정책, 노동임금의 대폭 인상, 각종 산업의 국유화 등 대중영합적인 정책을 쏟아내며 말 그대로 노동자 천국의 시대를 열었지만, 그 '천국'이 지옥으로 변하는 데는 오랜 시간이 걸리지 않았다. 20세기 초만 해도 풍부한 자원과 농축산물의 수출 등으로 세계 5위의 경제대국이었던 아르헨티나는 세계대공황의 여파, 또 페론의 급진적 개혁의 실패로 1958년에 처음으로 국가부도를 당한 후 지금까지 국가부도사태에 7차례나 빠졌고, IMF 구제금융을 22차례나 받는 디폴트(default) 단골국가의 오명을 뒤집어쓰고 있다.

유사한 예는 최근 그리스에서도 반복되고 있다. 유로존 가입 당시부터 만성 재정적자에 허덕이던 나라가 대중의 인기를 노려 연금천국을 만들었다. 공무원 등 공공부문 종사자들은 급여의 95%를 연금으로 수령하고, 60세 이전에 은퇴해도 급여의 80%를 연금으로 받았다. 더불어 전 국민이 무료 의료보험 혜택을 누리는 복지 천국을 자랑했다. 하지만 국가부채가 감당할

군중집회에서 연설하고 있는 아르헨티나의 페론 대통령.

수 없는 수준으로 불어나 결국 도산사태에 몰리고 말았다. 최근 베네수엘라의 비극상도 차베스 정권에 이은 마두로 정권의 포퓰리즘 폭주에 기인한다.

포퓰리스트들의 선심성 정책은 달콤한 사탕과도 같다. 한번 입에 물면 도무지 뱉어내고 싶지 않은 사탕처럼 놓치고 싶지 않은 것이 선심성 정책이고 프로그램들이다. 자기의 부담은 적어 보이고 이득은 크게만 보이니, 단기적으로는 '퍼주기'를 마다하는 사람이 거의 없다. 처음에는 선심성 정책과 프로그램의 도입에 반대했던 사람들조차 자기도 모르는 사이 달콤함에 맛을 들여간다. 포퓰리즘 정책노선은 한마디로 말해 지속가능하지 않다. 포퓰리즘 정책과 '퍼주기' 프로그램들이 야기한 심각한 문제들을 해결하기 위해서는 긴축재정, 통화긴축, 대폭적인 증세(增稅) 등 그야말로 '뼈를 깎는' 근본적인 개혁이 필수적이지만 국민은 허리띠를 졸라맬 생각을 하지 않는다. 개혁조치에 대해 신경질적인 반응부터 보인다. 자신이 누리는 혜택이 어느 사이 혜택이 아니라 청구권, 기득권이 되어버렸기 때문이다. 심지어 그 같은 기득권을 더 크게 누리는 다른 사람들에 빗대면서 자신의 수혜 축소를 억울한 강탈로 여긴다. 포퓰리즘의 늪에 한번 빠지면 빠져나오기 힘든 이유가 바로 여기에 있다. 누구도 국가파탄의 책임을 지려고 하지 않는다. 그것은 자신이 해결할 문제도, 자신이 책임져야 할 문제도 아닌 것이다.

이것은 중병(重病) 환자의 병적인 사고와 행태라고밖에는 달리 말할 수 없다. 그런데 국민은 자기가 중병에 걸려 있다는 사실조차 자각하지 못한다. 일차적 주범은 무책임한 정치인들이지만, 이들의 선동에 미혹되어 이들을 찬양하고 동조하고 추종한 대다수 국민에게 책임이 없다고 말할 수 있겠는가? 그런데도 국민은 남의 탓하기 바쁘다. 구제불능 상태에 빠진 아르헨티나에서는 지금도 반미시위, 반IMF 시위가 그칠 새가 없다. 쾌락의 시간은 짧지만, 고통의 시간은 길게 이어질 것이다. 더구나 문제해결의 실마리를 찾지 못하고 있으니 그 고통의 끝이 있기나 할지 의문이다. 이것이 포퓰리즘에 심취되고 마비된 국가의 비참한 실상이다.

11

관료의 권력, 왜 팽창하는가?

민주주의 국가의 역사를 보면 아주 뚜렷이 드러나는 경향이 한 가지 있다. 민주주의가 새로운 정치체제로 수립되기 시작한 19세기 초에는 '작은 정부가 좋은 정부'라는 인식이 매우 강했다. 정부의 기능과 규모를 가능한 한 작게 만들려고 노력하였다. 200년이 지난 지금은 어떤가? 거의 모든 민주주의 국가에서 정부의 규모는 확장 일변도로 나가고 있다. 특히 행정부의 확장 속도가 엄청나게 빠르다. 입법부나 사법부와는 비교가 되지 않는다.

예를 들어 우리나라의 경우, 건국 초기는 차치하더라도 소위 개발연대에 들어선 1964년 초 입법부의 국회의원은 175명, 사법부의 법관은 350명이었다. 그들을 돕는 공무원의 수는 국회 사무처 634명, 법원 공무원 2,202명이었다. 반면에 행정부의 공무원 수는 국가직만 16,202명이었다. 54년이 지난 2018년 현재 입법부는 국회의원이 300명, 사무처 공무원이 5천 명 안팎이다. 사법부의 판사 정원은 3,138명, 그리고 법원공무원은 1만 8천 명으로 대략 8배 늘어났다. 하지만 행정부는 국가직이 65만 7천 명(지방직 34만 9천 명, 총계 100만 6천 명)으로 무려 40배 이상 증가하였다. 행정부 관료의 이러한 급증 추세는 우리나라만이 아니라, 민주주의 선진국인 미국이나 영국, 그리고 2차대전 이후 민주주의를 받아들인 독일이나 일본 등 거의 모든 나라가 공통이다.

이런 외형적인 정부 규모의 팽창도 팽창이지만, 기능이나 활동 면에서의 변화는 더 크고 놀랍다. 입법부나 사법부의 기능과 역할은 과거나 오늘이나 크게 다르지 않다. 하지만 행정부의 기능과 역할의 폭과 깊이는 말할 수 없이 넓어지고 깊어졌다. 국민의 생활 속에 행정부의 눈과 손이 침투하지 않고 미치지 않는 영역이 어딜까 싶을 정도가 되었다.

전제군주의 폭정에서 벗어나는 것을 최우선 목표로 삼던 민주주의 도입 초기, 정부는 가능한 한 '법과 질서'를 유지하는 일만 담당하도록 해야 한다는 생각과 믿음이 강했다. 이제 그런 생각은 호랑이가 담배 피우던 시절의 이야기가 되었다. 특히 20세기 후반부 들어 행정부가 정부 활동의 중심부를 차지하는 현상이 두드러진다. 정부관료제가 입법과 사법을 압도할 정도가 되자, '행정국가'라는 개념이 등장하기도 하였다.

이와 같이 행정부의 힘과 세력이 매우 커지자, 민주주의의 근간 원리인 3권분립을 통한 견제와 균형이 무너지고 있는 것은 아닌지, 앞으로 더욱 그렇게 될 가능성은 없는지, 걱정하지 않을 수 없는 지경이 되었다. 독재를 막는 제도적 장치로서 3권분립을 통한 견제와 균형만큼 강력한 원리가 없다고 볼 때, 사법부나 입법부도 행정부만한 세력과 권력을 갖고 있어야 하는 것은 아닐까?

세월이 흐르면서 견제와 균형의 확보는 세력과 권력의 크기를 다투던 데서 각각의 기능과 역할을 명확히 분리하고 분담을 통해 달성하는 방법으로 진화하였다. 입법부에서 제정한 법률은 행정부의 활동을 규정하고, 행정부의 대부분의 업무는 이들 법률이 규정한 선과 범위 안에서 수행된다. 또 행정부의 활동 중에서 불법 부당한 것은 사법부의 심사대상이 된다. 이렇게 볼 때, 세력과 권력의 크기로 보면 행정부에 비해 왜소해 보이지만, 입법부와 사법부가 3권분립의 원리에 의거한 견제와 균형을 유지하는 데 실패했다고 말하기는 어렵다.

행정부의 팽창은 행정부가 독주한 결과라고는 말할 수 없다. 궁극적으로 입법부에서 법을 제정해 주고 예산을 승인해 주어서 또 사법부의 법률 심사에 저촉되지 않는 범위 내에서 행정부의 팽창이 이루어지고 가능해졌다. 다시 말하면 행정부의 권

관료제의 개념을 정립한 막스 베버와 소설 〈심판〉을 통해
관료주의를 비판한 프란츠 카프카의 이미지를 합성해
관료주의를 풍자한 일러스트.

력이 커진 데는 입법부와 사법부의 협력이 있었다고 보는 게 맞다는 것이다. 왜 입법부와 사법부는 행정부의 팽창을 바라만 보거나 심지어 거들고 있는 것일까?

첫째, 민주주의의 성공이 정부에 대한 국민의 기대를 상승시키고 정부 역할의 지속적 확대를 초래하였다. 독재의 억압에서 벗어나려고 만든 정부체제가 민주주의인데, 이제 독재는 걱정하지 않아도 될 뿐 아니라, 정부가 국민의 삶의 개선과 공익 증진에 더 크게 기여할 수 있다고 믿게 되었다. 한마디로 말해 정부에 대한 국민의 기대의 변화가 정부 역할의 지속적 확대의 근본원인이 되고 있다. 이는 민주주의 역사에서 보이는 자연스러운 진화의 결과라고 말할 수 있다.

둘째, 기술적인 이유이다. 민주주의 국가들은 산업혁명과 더불어 급격한 사회적 변화를 경험하였다. 산업화는 거의 필연적으로 도시화를 불러왔고, 교통과 통신의 발달은 정부의 새로운 활동을 당연하게 받아들이도록 만들었다. 교통과 통신 체계의 유지와 발전을 위한 정부의 역할이 커졌다. 도시화는 주택 문제, 수도 문제, 위생 문제, 쓰레기 문제 등등 다양한 문제를 만들어낸다. 이런 문제들의 대부분이 시장에만 일임할 수 없는 공공의 문제로 크게 대두하였다.

문제의 해결 방안과 원칙은 입법부가 제정하는 법률에서 대강이 정해지지만, 이런 일들의 실행을 위해서는 조직이 필요하고 많은 인원이 필요하다. 더구나 새롭게 등장하는 일들은 대부분 전문지식을 갖추어야 해결할 수 있는 일들이다. 예를 들어 위생 문제를 의학 지식과 방역 지식이 없이 해결하려고 덤빈다면, 어떤 결과가 나타날지는 누구나 쉽게 예상할 수 있다. 이런 이유로 전문지식을 갖춘 인재들이 체계적으로 일할 수 있는 정부 관료제의 성장과 팽창은 불가피한 추세가 되었다.

셋째, 사회적 역학관계의 변화이다. 민주주의 초기에는 산업이 별로 발전하지 못했다. 민주주의의 필연적 결과라고 단언하기는 어렵지만, 대부분의 민주주의 국가에서 산업이 발전하고 경제가 급격하게 성장하였다. 세월이 가면서 국민들의 삶의 양상에 변화가 생겼다.

산업의 발전이나 경제의 성장을 위해 정부가 직접적인 활동을 수행해야만 하는 영역은 그리 크지 않을지라도, 항만과 도로와 공항의 개설 등 사회간접자본을 확충하여 경제발전의 여건을 조성하는 일이나, 경제활동에 원만한 수준의 질서가 유지될 수 있도록 하기 위한 규제업무의 영역이 빠르게 커져 갔다. 경제발전 과정에서 부수적으로 나타난 부익부 빈익빈 현상이나 분배의 불평등 문제를 해결하고, 자연환경의 파괴를 막고, 공해를 방지하는 등의 일도 정부의 몫이 되었다. 최근 정보통신혁명 시대의 도래와 함께 과거에는 상상도 할 수 없었던 새로운 문제들, 예컨대 개인정보의 불법 유출, 해킹, 보이스피싱 등에도 정부가 나서지 않을 수 없게 되었다.

넷째, 관리기술 역량이 변화하였다. 아무리 사회경제가 변화하고 정부에 대한 역할 기대가 크더라도, 새롭게 맡겨진 일들을 행정부가 효과적으로 수행해 내지 못하면, 쉽게 말해 새롭게 담당한 기능을 수행하는 데 실패를 거듭하였다면, 기능 확장은 계속되지 않았을 것이다. 작은 실패가 없지 않았고, 소수 관료의 부패가 나타나기도 하였지만, 전반적으로 볼 때 대부분의 민주주의 국가에서 행정부 기능은 성공적으로 수행되었다. 관료제의 조직 및 관리기술의 발전이 이런 성공을 뒷받침한 것은 물론이다.

민주주의 국가에서 산업이 발전하고 정부 기능이 확장되면서 대규모 조직을 성공적으로 운영하는 일이 아주 중요한 과제가 되자, 20세기 초부터 행정학이나 경영학과 같은 조직관리 학문이 크게 발전하였다. 이런 학문에서 조직구조이론, 인사관리, 재무관리, 공공관리 등등 다양한 관리이론들이 개척되었다. 관리이론들이 현실 관료제 조직에 적용되었다. 성공적인 이론은 살아남고 실패한 이론은 배제되면서, 관리기술 역량이 확장되었다. 새롭게 맡겨진 일들이 성공적이기 때문에, 정부의 기능 확장에 대한 반대의견이나 역풍도 별로 없었다.

다섯째, 민주정부의 관료제가 성장하게 된 배경에는 정치적 계산과 판단이 작용하였다. 입법부는 한마디로 정치인 집단이다. 국회의원들은 선거구민의 투표와 지지로 자리를 유지하고, 임기가 끝나면 재신임을 받아야 하는 사람들이다. 그들은 선거구민의 인기에 힘입어 선출되었지, 전문지식 때문에 선출되지 않았다. 국민의 지지를 얻기 위해서는 여론의 변화에 민감할 수밖에 없다. 그런데 여론의 요구와 압력은 늘 변화하고 종잡기 힘들다. 사회경제의 변화를 읽고 여론의 추이에 따라 새로운 법률을 제정하거나 개정하려 하지만, 그 자체가 대단히 전문적이고 복합적이다. 여론이 여러 갈래로 나누어지듯이, 입법부의 구성도 정당과 국회의원 개인의 관심에 따라 의견을 하나로 통일시키기 어렵다.

이럴 때 동의를 쉽게 구하는 방법은 모호하고 추상적인 개념을 써가며 법률 규정을 두루뭉술하게 만드는 것이다. 좀 더 깊이, 자세하게 법률을 제정하려고 하면, 국회에서 합의에 도달하기도 어렵지만, 통과되고 나서도 다양한 집단의 불만을 사거나 저항을 받게 된다. 여론의 지탄과 불만을 피하는 길은, 모호하고 추상적인 표현을 빌려서나마 법을 제정함으로써, 국회가 해주어야 할 최소한의 일을 했음을 보여주는 것이다. 그로 인해 발생하는 궂은일과 책임질 일은 행정부에 선심 쓰듯 넘겨주는 것이, 국회가 명분도 얻고 여론의 지지도 챙길 수 있는 방책이다. 이에 따라 추상적이고 모호한 규정을 해석하여 현실세계에 적합하게 꾸려나가는 일은 언제나 행정부 관료들의 몫이 된다.

이것이 관행으로 이어지고 쌓이다 보니, 행정부 관료에게 실질적 권한이 넘어가고, 관료제 기구는 확장을 계속해 오게 되었다.

행정부와 행정 관료에게 실질적 권한이 넘어가는 속도와 범위는 실로 놀라울 정도이다. 세상은 계속 변화하고 있고, 기술발전의 속도는 머리가 어지러울 지경이다. 50년 전만 해도 출산율을 낮추기 위해 정부가 앞장서서 가족계획운동을 대대적으로 전개하였는데 이제는 저출산이 크나큰 정책문제가 되고 말았다. 인구구조에서도 고령화가 아주 빠르게 진행되어 노령인구의 복지가 초미의 정책문제가 되었다. 이제 지구촌이라는 어휘가 어울릴 정도로 세계화와 국제화는 새로운 삶의 방식으로 자리 잡고 있다. 다른 나라에 뒤처지지 않으려는 국가적 노력이 어느 때보다 치열하다. 이런 변화들 역시 정부가 해결해 주어야 할 문제를 증가시키고, 결국은 행정 관료제로 하여금 이런 문제에 도전하게끔 만들어가고 있다.

이렇게 정부의 역할이 커지고 행정 관료의 권한이 늘어가는 과정에서, 국민 개개인의 자유와 권리는 침해의 소지가 커지고 있다. 국민의 자유와 권리가 얼마나 법의 보호를 잘 받는지는 국가별 민주주의 제도 운영의 수준에 달려 있다. 입법부와 사법부가 조직의 규모와 구성원의 수로 견제와 균형을 이루는 것은 어렵게 되었다. 이제 견제와 균형의 의미는 국민의 자유와 권리, 그리고 재산을 충실히 보호하는 권한과 역할의 수행과정에서 찾을 수밖에 없는 시대가 되었다.

비록 행정부가 국가의 중심 역할을 수행하지 않을 수 없는 시대라 할지라도, 3권분립에 의한 견제와 균형 기제가 올바르게 작동하지 않는다면, 민주주의가 전체적으로 국민을 보호하는 제도로 정착되고 기능하기 어렵다. 입법부와 사법부의 기능이 강화되고 바로 설 수 있도록 해야 할 필요성이 나날이 커지고 있다. 이를 위해서는 무엇보다도 국민의 인식이 바뀌고 감시의 눈이 깨어 있어야 한다. 권력분립에 의한 견제와 균형의 원리가 제대로 작동하지 않으면 민주주의는 언제라도 잘못된 길로 갈 수 있다는 사실을 명심해야 한다. 민주주의의 마지막 보루는 '깨어 있는 국민'이다.

12

정책은 여론을 따라가야 하는가?

국가의 정책은 일반적으로 형성-결정-집행-평가의 단계를 거친다. 성공적인 정책들은 유지 또는 승계가 되고, 그렇지 않은 정책들은 표류 또는 종결되기도 한다. 이와 같은 생명주기 속에서 정책은 다양한 참여자와 제도, 그리고 환경의 영향을 받는다. 대내적으로는 행정부, 입법부, 사법부, 정당, 시민단체, 기업가단체, 노조 같은 이익집단, 언론 및 여론, 그리고 그 나라 고유의 제도와 문화의 영향을 받는다. 또 세계화의 확산에 따라 국제규범과 조약, 국제기구, 다국적 기업 및 외국 정부의 영향에서도 자유롭지 않다.

이처럼 다양한 정책참여자들의 역할과 범위는 정책과정 단계별로 다르다. 시대적, 공간적으로 차이는 있지만 정책형성 단계에서는 국회를 비롯한 국가기관이나 공공기관 외에도 시민단체, 이익단체, 그리고 여론의 영향을 많이 받는다. 국제기구나 규범 등의 영향도 무시할 수 없다. 반면에 정책결정 단계 및 집행 단계에서는 여전히 국가 및 공공기관의 독점적 권한이 강한 편이다. 한편 정책평가 단계에서는 다시 다양한 행위자들이 참여하게 된다. 물론 이러한 정책 단계에 따른 참여자들의 구분은 이론적, 개념적인 측면이 강하다. 현실세계에서는 각 단계들 간의 구분이 모호한 경우가 많고, 따라서 여러 행위자들 간의 중층적, 순환적 관계가 형성되기 마련이다.

특히 논란이 되는 것은 정책의 형성 및 결정단계에서 정부가 얼마나 많이 국민의 목소리, 즉 여론에 귀를 기울여야 하느냐의 문제이다. 무엇보다 민주정치에서 여론은 공식적, 비공식적으로 정책형성에 큰 영향을 미친다. 민주정치란 결국 민의(民意) 또는 여론을 공공정책으로 집약해 가는 과정이기 때문이다.

그러나 여론은 양면적 속성을 갖고 있다. 여론은 민주주의의 꽃이 될 수도 있지만 때로는 그 변덕스러운 성격으로 인해 중우정치(衆愚政治), 인기영합주의 정치로 흐를 위험성을 내포하고 있다. 이러한 이유로 민주주의 국가에서 정책과 여론 간의 관계를 두고 많은 논쟁이 있어 왔다. 이를 크게 하향식, 상향식, 통합적 접근으로 구분할 수 있다.

하향식 접근에 따르면 국민 여론은 감성적이고 즉흥적이어서 분위기에 크게 휩쓸리기 마련이고, 특정사안에 과잉반응하기 쉬워 일관되고 합리적인 국가정책의 수립을 어렵게 만든다. 정치적인 권위와 정당성은 결국 민심으로부터 나오지만, 실제로 국가를 경영하는 과정에서는 리더십과 여론 간에 갈등이 생길 수밖에 없다는 것이다. 따라서 정책의 형성과 결정은 심사숙고할 수 있는 능력과 정보를 갖고 있는 소수의 정치 및 관료 엘리트들에 의해 수립되어야 한다고 본다. 특히 거시경제정책이나 외교정책, 과학기술정책 등 장기적인 비전과 전략을 필요로 하는 특수 분야에서 여론에 의한 정책의 형성과 결정은 부적합하다고 주장한다. 이런 정책영역에서 대중의 지식이나 전문성을 기대할 수 없고, 또 대중은 근시안적 이익에 집착하는 경향도 강하다고 보기 때문이다. 요컨대 지혜, 인내심, 참을성, 규율, 국가와 세계사에 대한 통찰력을 요하는 국가경영(statesmanship)은 소수 정치 엘리트들의 몫이라는 것이 이 주장의 요지이다.

많은 반대에도 불구하고 박정희 전 대통령이 추진한 경부고속도로 건설사업이나 이명박 전 대통령이 추진한 4대강 사업이 하향식 접근의 대표적 사례이다. 정치권력과 관료제에 대한 통제는 주기적인 선거와 이익집단, 언론, 직접민주주의적 요소 등에 의해 간접적으로 적절히 이루어질 수 있고 그러면 된다는 입장이다.

이와 반대로 상향식 접근에 따르면, 소수의 엘리트에 의한 권력의 독점은 필연적으로 사실관계의 왜곡과 부패를 가져오

2017년 1월의 광화문광장 촛불집회 장면.

기 때문에, 국민의 여론을 통한 견제와 균형이 반드시 필요하다. 민주주의가 부패하는 이유는 대중의 탐욕 때문이 아니라 사익을 추구하는 엘리트 때문이며, 정치인들은 흔히 자신의 잘못을 숨기기 위해 대중을 희생양으로 삼는 경향이 있다는 것이다. 이러한 견해는 정치적 다원론에 그 이론적 기반을 두고 있다. 다원론자들은 정치과정이나 정책과정을 지배하는 단일의 엘리트가 존재한다는 견해에 반대한다. 특히 세계화와 정보혁명에 따라 일반국민이 정보와 지식의 단순 소비자에서 보다 적극적인 생산자로 바뀌었기 때문에, 이들이 엘리트들보다 꼭 무지하다고 볼 수 없고, 따라서 합리적인 국가정책의 수립에 대중의 참여와 견제가 필수적이라는 주장이다.

우리 주위를 둘러보면 이러한 주장이 꽤나 설득력을 갖고 있는 것처럼 보인다. 전통적인 언론을 통한 여론형성 과정에서 국민들은 단순히 여론에 휩쓸리는 대상에 불과하였지만, 소셜네트워크 서비스(SNS)가 확대되면서 이슈의 생산과 유통에 참여하고 이슈를 선도하는 대중의 역할은 더욱 커지고 있다. 광우병 사태, 무상급식 주민투표, 세월호와 메르스 사태 등에서 보듯이, SNS를 통한 정보의 획득과 확산이 손쉬워짐에 따라, 일반 국민의 정치참여 정도와 관심폭은 폭발적으로 커졌다. 익명성 뒤에 숨은 악플러와 마녀사냥식 사생활 침해 문제가 새로운 사회문제로 부각되기도 하지만, 정보통신기술의 확산은 국민들에게 정책 형성과 결정에 영향력을 행사할 수 있는 권능을 부여하고 있다.

끝으로 통합적 접근은 정책 엘리트의 리더십과 여론 간의 적절한 균형을 추구한다. 정책 리더십을 강화시키기도 하고 약화시키기도 하는 여론은 양날의 칼이다. 따라서 국민들의 태도와 신념뿐만 아니라 행정부, 입법부, 사법부는 물론 국제기구까지 두루 고려한다. 통합적인 접근이 시사하는 바는 여론이 정책에 미치는 영향은 시대와 장소, 사안에 따라 다를 뿐 아니라, 여러 우연적인 요소와 이해관계에서 파생되는 정치적 균형에 따라 달라진다는 것이다. 의료, 연금, 교육 등의 사회정책은 여론과 이익집단의 영향을 많이 받는 반면, 거시경제정책이나 외교정책은 유사시가 아닌 평상시에는 여론의 영향을 거의 받지 않는다.

이상을 종합해 볼 때 여론이 정책에 어느 정도의 영향력을 갖도록 하는 것이 바람직한지에 대하여 어떤 결론을 내리기는 매우 어렵다. 분명한 사실은 국가정책에 미칠 여론의 황금비율을 구하는 것은 현실적으로 가능하지도 않고 바람직하지도 않다는 점이다. 물론 국가정책은 국민의 여론을 존중할 필요가 있다. 다만 여론을 존중하는 것이 합리적이라고 판단되는 정책 분야와 이슈, 그리고 국방 및 외교안보 정책과 같이 여론을 따르는 것이 합리적이라는 이론적, 경험적 근거를 발견하기 힘든 정책 분야와 이슈를 구분하는 지혜가 필요하다. "정책은 여론을 따라야 한다"고 유독 강조하는 경우, 그런 주장에 경계심을 갖고 진위를 따질 줄 아는 국민이야말로 가장 현명한 국민이라고 말할 수 있지 않을까?

13

더 많이 참여할수록 민주주의는 더 잘 기능할까?

참여라는 말을 떠나서 민주주의를 생각할 수 없다. 한마디로 말해 민주주의의 역사는 참여 확대의 역사였고, 앞으로도 그럴 것이다. 지배자의 일방적이고 자의적인 결정과 명령에 반기를 들고 일어선 것이 민주주의 혁명의 시발점이었고, 참여가 확대됨에 따라 민주주의가 고양되었다. 예컨대 미국의 사례를 보면, 1789년 워싱턴이 대통령으로 선출될 때 투표권은 일정 수준 이상의 재산을 소유한 백인 남성에게만 주어졌는데, 이는 전 국민의 6%에 해당하였다. 남북전쟁 이후인 1892년에는 소수의 흑인이 투표에 참여할 수 있었고, 1920년에는 백인 여성에게, 1965년에는 흑인 여성에게 투표권이 주어졌다.

투표, 집회 및 결사의 자유와 권리를 포함한 정치참여의 자유와 권리는 민주국가 국민의 자유와 권리 중 가장 기본적이

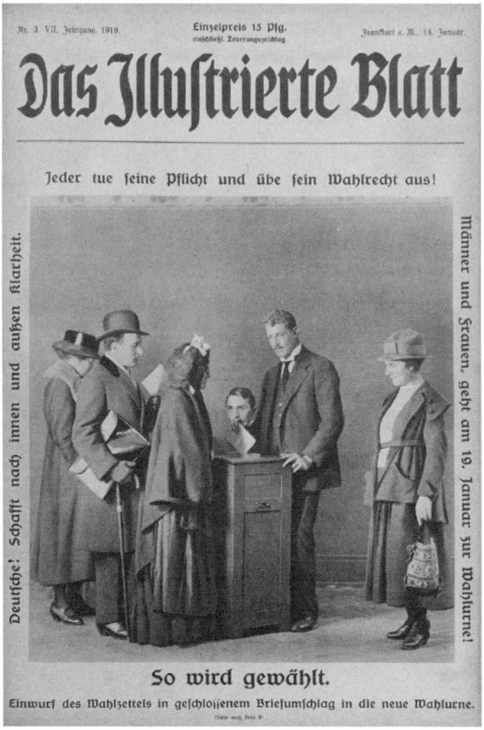
Nr. 3 VII. Jahrgang 1919. Einzelpreis 15 Pfg. einschließl. Teuerungszuschlag Frankfurt a. M., 14. Januar.

Das Illustrierte Blatt

Jeder tue seine Pflicht und übe sein Wahlrecht aus!

Deutsche! Schafft nach innen und außen Klarheit.

Männer und Frauen, geht am 19. Januar zur Wahlurne!

So wird gewählt.

Einwurf des Wahlzettels in geschlossenem Briefumschlag in die neue Wahlurne.

유권자의 투표를 독려하고 있는
독일 *Das Illustrierte Blatt*의 표지.

다. 정치참여의 자유와 권리의 수준은 국민이 국가의 의사결정이나 선택에 얼마나 효과적으로 이의를 제기하고, 불복하거나 항거할 수 있는지에 달려 있다. 이 수준이 민주주의가 얼마나 잘 구현되고 또 발전하고 있는지를 보여주는 가장 중요한 지표라고 해도 과언이 아니다. 하지만 참여가 확대될수록 민주주의는 더 잘 기능할까?

참여가 확대되면 외형적으로 민주주의의 이상적인 모습에 가까워지는 것은 사실이다. 그렇지만 그것이 민주주의가 더 잘 기능하도록 해주는지 또는 그래서 국민의 삶이 더 나아지게 만드는지는 별개의 사안이다. 민주국가에서 정치참여의 확대는 무조건 좋고 바람직하다고 주장하는 사람들이 많지만, 우리는 이에 동의하지 않는다. 중대한 논리 비약의 오류가 있다고 보는 편이다.

예를 들어 보자. 오늘날 거의 모든 민주국가에서 투표(참여)율은 상당히 낮다. 이것을 문제 삼으며, 투표율을 높이기 위해 무슨 수단이든지 강구하는 게 옳다고 생각하는 사람들이 많다. 이들은 투표율이 높을수록, 즉 투표에 참여하는 국민이 많을수록, 국민이 바라는 대표자를 더 잘 선출할 수 있고, 더 나은 방향으로 의사결정을 할 수 있다고 보는 셈이다. 국민들이 바라는 대표자가 누구인지, 혹은 어떤 정책이 국민에게 가장 바람직한지를 정확히 알고 선택할 방법이 별달리 없는 이상, 가급적 더 많은 국민에게 물어보는 것보다 더 나은 방법이 없을지 모른다.

하지만 여기서 의문이 생긴다. 예컨대 처음부터 투표에 참여하지 않은 기권자의 (자발적인) 의사는 무시되어도 좋은가? 달리 표현해, 이런 기권자들이 투표에 참여하도록 강제하는 것이 옳은가? 여기서 우리는 참여의 확대 노력이 자칫 국민의 기본권 보장에 역행할 수 있는 소지가 있음을 보게 된다. 민주국가에서 낮은 투표율이 아무 문제도 없다는 말이 아니다. 많은 국민이 정치에 무관심하거나 투표를 남의 일로 여겨 외면한다면 곤란한 일이다. 그러나 투표를 강제하는 것은 비민주적인 일이다.

사회의 문제에 대한 사람들의 생각은 각기 다르기 마련이고, 선호의 강도(intensity) 또한 각기 다르다. 이런 점에서 투표의 단순합계보다는 가중치를 부여해 합산하는 게 더 합리적인지 모른다. 물론 신분이나 재산 등에 따라 사람을 차별해서는 안되는 민주주의 국가에서 국민 개개인의 의사에 가중치를 두고 다르게 적용하는 일은 생각할 수 없고 기술적으로도 쉽지 않을 것이다. 여하튼 이런 견지에서 접근해 보면 기권자의 표의 가중치는 언제나 0으로 표시될 것이므로, 내버려 두면 기권하였을 사람을 강제로 투표장에 불러내 투표하게 한다면 투표결과가 왜곡될 것이 분명하다. 더구나 어떤 정당이 이런 점을 노려 무리하게 투표를 독려하거나 특별한 투표 인센티브 제도 등을 도입하려 한다면 그 위험성은 배가된다. 왜냐하면 모든 투표자의 투표성향은 동일하지도, 중립적이지도 않기 때문이다.

물론 국민의 대표자를 뽑는 선거에서든, 국가의 중요의사 결정 과정에서든, 갖가지 정치적 주장이 제기되고 설득과 타협이 이루어지기 마련이다. 이 과정에서 국민 개개인이 어떤 영향을 받아 자기의사를 결정하든, 그것은 그 개인의 의사결정이므로 왈가왈부할 수 없다고 말할 수도 있다. 그러나 참여가 확대될수록 더 민주적이라는 그럴듯한 미명 하에 정치적 조작이나 정치공학이 활개칠 소지가 생겨나는 것도 부정할 수 없다. 따라서 이런 가능성이 있어 보이는 참여확대 노력에 대해서까지 정당성을 인정할 사람은 많지 않을 것이다.

일반적으로 말한다면 정치적 참여와 민주성의 관계는 거꾸로 선 U자 곡선과 같다. 즉 일정한 지점까지는 참여의 확대가 민주성의 제고에 기여하지만, 그 지점을 넘어서면 참여의 확대가 오히려 비민주적이 될 가능성이 없지 않다. 여기서 핵심은 일정 지점이다. 예컨대 어떤 정책 이슈와 관련해서든 직접적인 이해관계자의 참여가 보장되어야 함은 당연하다. 그러나 간접적인 이해관계자, 특히 제3자의 참여는 어떤가? 이들의 참여를 허용해야 하는가? 허용한다면, 어느 선까지 허용해야 할 것인가?

이 선(일정 지점)은 제도적으로 명확하게 규정되어 있는 경우도 있고, 그렇지 않은 경우도 있다. 예를 들면 대의민주주의에서 입법, 조세, 예산, 결산 등과 관련한 중요한 국가 의사결정은 국회의 고유권한으로 규정되어 있다. 다시 말하면 국회의원들만이 정당한 의사결정자이다. 물론 국민이 참여해서 자기의사를 반영할 수 있는 길이 완전히 막혀 있는 것은 아니다. 우선 지역구민은 자신의 지역구 국회의원을 선출하는 과정에서, 또는 그에게 청원하는 등의 방법으로 영향력을 행사할 수 있다. 경우에 따라서는 국회가 공청회 등을 개최함으로써, 적극적으로 국민의 의사를 물을 수도 있다. 하지만 이런 경우 참여자의 대표성이나 의사결정의 공정성 시비를 피하기 어렵다.

이와는 달리 정당하게 참여할 권리를 가진 국민의 범위가 명시적으로 규정되어 있지 않은 경우도 있다. 예를 들면 원자력발전소 건설부지를 선정할 경우, 해당 지역 주민은 정당한 이해관계자가 될 수 있지만, 구체적 범위의 설정은 언제나 까다로운 문제가 아닐 수 없다. 원전으로부터 반경 몇 킬로미터 안에 사는 주민을 정당한 이해관계자로 볼 것인가? 다음으로 환경단체의 참여를 인정한다고 할 경우, 어느 선까지 인정할 것인가? 이처럼 참여의 권리를 누구에게, 어디까지 인정할지는 항상 논란거리가 되고 갈등의 핵심요소로 등장한다. 이런 이유로 민주국가에서 참여의 범위와 방법은 각종 법률에 사전적으로 규정되어 있는 경우가 많다. 다시 말하면 법치주의의 원칙이 여기에도 적용되고 있다. 참여의 범위와 방법을 정하는 법적 기준이나 원칙은 대강 다음과 같은 사항을 고려하고 있다.

우선 국가의사의 결정이나 정책의 선택에 참여하는 사람이 많을수록, 심도 있는 논의의 진행은 어려워진다는 점이다. 심도 있는 논의는 좋은 일이지만, 거의 무한대의 시간이 필요하다. 아주 많은 시간이 걸릴지라도 참여를 확대하고 신중하게 결정해야 할 중대사안도 있지만, 분초를 다투는 긴급한 상황에서는 어떤가? 예컨대 적국의 침공이 탐지되었다거나 전염병 확산을 막아야 하는 비상상황에서 참여자가 다수라면, 결정의 긴박한 시점을 놓칠 수 있다.

다음으로 고도의 과학기술 정책 이슈에서 국회의원이나 일반인들이 결정과정에 참여한다면, 어중이떠중이 결정이 되기 쉽다. 이 문제는 고도의 전문지식을 갖춘 사람이 미래를 내다보는 혜안을 가지고 참여하는 것이 좋을 것이다. 물론 이들이라고 개인적 이해관계를 초월하기는 어렵겠지만, 어중이떠중이 식의 결정은 피할 수 있다. 이런 종류의 선택에서조차 보통 사람들의 참여를 보장하고 넓혀야 한다고 주장한다면, 엉터리 결정에 이를 위험성이 높아진다. 이는 명백히 민주주의 이론을 오해하거나 잘못 적용하는 것이다.

국가의사의 결정과 정책의 선택에서 핵심은 합리적이고 현명한 선택의 확보이다. 다중이 참여한다고 현명한 선택이 이루어진다는 보증도 없고, 전문가만이 참여해 이루어진 결정이라고 그것이 최선이라는 보증도 없다. 민주주의의 핵심은 개방적 토론과 비판에 있다. 이것이 더 합리적이고 현명한 정책 선택을 가능하게 해준다고 본다. 다시 말하면 의사결정의 절차나 정책 선택의 절차가 합리적인지가 핵심사항이다. 이를 보통 절차적 합리성(procedural rationality)이라고 부른다.

절차적 합리성은 의사결정 및 정책선택 절차 안에서 비판이 제도화되고, 토론이 공개되고, 참여가 공평하게 이루어지고, 아울러 결정 속에 내포된 오차(error)를 쉽게 발견할 수 있도록 돕는 절차를 말한다. 이런 요소들이 고루 고려될 때 대체적으로 절차의 합리성을 갖추었다고 말할 수 있을 것이다.

법률에 참여의 허용기준과 원칙이 정해져 있는 경우에 대해서 살펴보았는데, 이런 절차에 대한 규정이 미리 정해져 있지 않을 때는 어떤가? 원칙적으로 국민은 집회 및 결사의 자유와 권리에 근거해, 법의 범위 안에서 자기들의 의견을 피력하고 세력을 과시할 수 있다. 다만 이 같은 경우에 참여자는 다중의 힘을 빌려 자신들의 입지를 강화하려고 할 것이고, 따라서 사실을 과장하거나 왜곡하여 의사결정 과정이 혼란에 빠지도록 만든다든지 이슈의 과도한 정치화를 꾀할 위험성이 없지 않다. 물론 이런 문제들은 참여 범위가 법률에 규정되어 있음에도 불구하고 이를 무시한 채 대중동원을 꾀할 때도 동일하게 발생할 수 있다.

정책 문제는 아주 복잡하고 고도의 전문지식을 필요로 하며, 수많은 사람의 이해관계가 상충하는 사안이다. 따라서 확실하게 옳은 해답을 찾기 어려울뿐더러, 단번에 완벽한 정책을 결정하기는 거의 불가능하다. 시행하면서 잘못된 부분을 조금씩 고쳐가고, 더 나은 선택을 가능하도록 만드는 것이 현실적이고 합리적인 접근방법일 수 있다. 또 사전적으로 완벽을 기하려 하기보다는 사후적으로 비판을 받을 수 있도록 제도적 장치를 강구하는 것이 더 중요할 수 있다. 물론 의사결정 과정도 가능한 한 공개되도록 해야 한다. 그래야 참여자들이 밀실에서 야합하지 않고 공명정대하게 결정에 임하여, 공공목적에 가까운 선택을 가능하게 해줄 것이다. 한마디로 모든 중요의사 결정이나 공공정책의 선택 과정이 국민 대중으로부터 감시를 받도록 만드는 것이 요체이다. 감시는 참여가 아니다.

결론적으로 민주주의 국가에서 참여의 확장은 그 자체가 목적이 아니다. 종국적으로 합리적 결정절차의 일환으로 정당화될 때, 참여의 확대는 공공선으로 작용할 수 있다. 민주주의의 역사가 참여 확대의 역사인 것은 분명하지만, 그것은 현상일 뿐이지 준칙이라고 말할 수 없다.

14

직접민주주의가 더 나은 민주주의인가?

국가의 법을 만들거나 예산을 책정하는 등의 공공사무를 결정하는 데 일반국민이 직접 참여하는 정치제도를 직접민주주의라고 부른다. 민주주의 이론가들 중에는 직접민주주의를 민주주의의 이상형으로 보는 사람이 적지 않다. 그 이유는 민주주의의 유래에서 기인하는 듯하다.

흔히 민주주의의 시원을 도시국가였던 그리스의 아테네에서 찾는다. 전체 인구 30만 명의 아테네에는 민회(ekklesia) 참가자격을 갖춘 성인남성 시민이 약 3만 명 정도에 불과하였다. 그 중에서 추첨을 통해 500인 평의회(Boule)가 구성되고, 평의회가 입법과 행정에서 핵심적인 역할을 담당했다고 전해진다. 민주주의의 어원도 demos(인민, 인구)와 kratos(지배, 정부)라는 그리스어인 까닭에, 직접민주주의를 민주주의의 가장 이상적인 형

그리스 아테네의 아크로폴리스 상상도.

태로 인식하는 경향이 있다.

이런 형태의 민주주의는 기원전에 그리스에서 잠깐 유지되었지만, 이내 인류의 역사에서 사라졌다. 그러던 것이 18세기 말 미국독립혁명과 프랑스 혁명을 거치며 새로운 형태로 재탄생하였다. 인류역사상 가장 공고한 민주주의는 미국 헌법의 아버지들이 채택한 민주주의로, 200년 이상이 흐른 지금도 그 원형이 거의 훼손되지 않은 상태이다.

미국 헌법의 기초자들이 선택한 것은 대의민주주의이지 직접민주주의가 아니다. 한마디로 이들은 직접민주주의를 이상형으로 보지 않고, 오히려 그 폐해를 더 엄중하게 보았다. 당시의 기록에는 직접민주주의가 야기할 '다수의 폭정(tyranny of the majority)'의 위험을 경고하는 부분들이 아주 많다. 이것은 개인의 권리를 보호하는 것이 민주주의 제도의 핵심이요, 가장 중요한 관심사였음을 말해 준다. 직접민주주의에서는 다수결 만능주의가 판을 쳐서, 이성적으로 인간의 자유와 권리를 보호하고자 하는 민주주의의 기본정신이 훼손될 가능성이 크다고 보았던 것이다.

직접민주주의는 도시국가 아테네처럼 소규모 구성체(조직)에서나 가능한 정치적 의사결정 메커니즘이다. 한국같이 인구 5천만 명 정도 되는 나라에 적용하기란 사실상 불가능한 제도다. 크고 작은 공공적 사무들을 결정할 때마다 국민투표를 하게 되면 엄청난 시간과 비용이 들 뿐 아니라, 긴급히 결정해야 할 사안에 신속하게 대응할 수 없다. 사람이 모여 사는 곳에서는 어디서나 어느 의견을 지지하느냐에 따라 파당(faction)이 만들어지기 마련이다. 그들 사이에 생산적이고 심도 있는 논의도 이루어지겠지만, 현안과 무관한 중상과 모략, 선동과 이합집산 현상을 막을 길이 없다. 결국 소수자의 희생 위에서 다수의 전횡과 횡포가 심해질 것이며, 개인의 권리와 재산의 보호라는 민주주의의 기본책무는 하찮게 다뤄질 가능성이 커진다.

미국 독립선언에 서명한 인물인 위더스푼(John Witherspoon)은 "순수한 (직접) 민주주의는 오래 지속될 수도 없고, 국가의 부서로 이행될 수도 없다. 그것은 인민의 분노의 광풍과 변덕의 대상이 될 뿐이다"라고 했다. 미국의 초대 재무장관 해밀턴(Alexander Hamilton)의 주장도 비슷하다. 그는 "실현할 수 있다면 순수한 민주주의가 가장 완전한 정부일 것이라는 주장보다 더 엉터리 주장은 없음을 경험이 증명하고 있다. 고대 (그리스의) 민주주의에서도 정부의 멋있는 모습을 보여주지 못했다. 폭군을 불러왔고, 정부를 불구로 만들었다"라고 설파했다.

직접민주주의를 이상적 체제로 치켜세우는 사람들은 그것이 가장 바람직한 형태의 민주주의라는 주장의 근거로서 다음 세 가지로 들고 있다. ① 의사결정과정에 이해 당사자들의 광범위한 참여가 가능하다는 것, ② 의사결정에서 중요한 논점들

스위스 글라루스(Glarus)의 민회 모습.

이 증거에 따라 비중이 정해지고 합리적 토론과 심의가 가능하다는 것, ③모든 인구 구성원들이 자신의 견해를 발표할 기회를 공평하게 가질 수 있으므로 평등하다는 것. 그러나 자세히 살펴보면, 이런 근거들은 상호 모순적인 관계에 있다.

우선 직접민주주의 주창자들은 직접민주주의의 가장 큰 장점으로 참여의 확대를 꼽지만 참여가 많아질수록 시간과 비용이 더 많이 소요될 것은 자명하다. 직접민주주의를 통해 좋은 결정에 이를 수 있을지는 몰라도, 심도 있는 심의를 위해서는 엄청난 노력과 시간이 필요하므로 정책결정이 무한정 지체되고 긴급을 요하는 정책결정이 무한정 지연될 수밖에 없다. 많은 사람이 서로 다른 논점을 가지고 토론에 참여한다면, 실질적으로 심도 있는 토론이 이루어지기도 어렵다.

또 국민 개개인마다 각자 의견이 있을 것이므로 말하고자 하는 사람 모두에게 평등한 기회를 부여하는 것이 좋지 않겠느냐는 것이 직접민주주의의 큰 자랑이다. 그러나 이렇게 되면 결정이 무한대로 지체되고 삐걱거려서, 실질적 결정에 도달하지 못할 수 있다. 이 점을 고려하여 논점에 따라 그룹을 정하고 토론에 참여할 대표를 무작위로 선발하더라도, 무작위로 선발한 대표자가 충실히 그룹의 입장을 전달할 의지나 능력을 가지고 있으리라는 보장이 없다. 또 토론에 참여하기를 강력하게 희망하는 사람들이 무작위로 선발하는 대표자가 된다는 보장도 없기 때문에, 대표성이나 평등성을 확보하기는 더욱 어려워진다. 결국 참여를 보장하면서 심도 있는 논의가 진행되려면, 필연적으로 평등성이 희생될 수밖에 없다.

실제 경험을 통해서 보아도 직접민주주의는 득보다 실이, 폐해가 더 많은 제도이다. 직접민주주의야말로 바람직하고 이상적인 민주주의라는 그릇된 믿음에 기초해 오늘날의 민주주의에는 직접민주주의 요소가 상당히 스며들어 있다. 스위스의 국민투표, 국민발의, 국민소환제도 등이 전형적이다. 우리나라에서도 헌법 개정과 같은 중요사안은 국민투표를 거치게 되어 있다. 그리고 지방정부 수준에서는 중요 이슈에 대한 주민투표와 지방자치단체장에 대한 소환투표를 법으로 규정하고 있다. 이런 직접민주주의 요소들이 민주주의의 건전한 발전을 이끌어왔다고 보아야 할 것인가? 그보다는 정치적 투쟁의 수단으로 오용되고 정치적 분란을 조장하는 경향이 짙었다고 보는 것이 더 진실에 가까울 것이다.

직접민주주의를 옹호하는 사람들은 오늘날 인터넷 시대의 도래에 따라 큰 비용을 지불하지 않고도 국민의 의사를 직접 물어볼 수 있게 되었다는 점을 강조한다. 전자직접민주주의라고도 불리는 이런 방법은 현장투표 방식에 비해 비용이 약간 덜 들지도 모른다. 하지만 간접민주주의 방식보다 이슈에 대한 논의가 더 심도 있게 전개될지는 의문이다. 특히 모든 국민이 사안을 충실히 이해하고 결정에 임한다는 보장도 없다.

직접민주주의는 선동과 선전에 취약하다. 현대사회의 정책들은 대부분 복잡성이 아주 크다. 특별한 지식으로 무장하지 않으면, 그 연관성을 이해하기 어렵다. 경제학을 전공한 사람이라도 요즘의 금융정책이나 통상정책의 전모를 파악하기는 어렵다. 그런데 정책의 실체를 잘 모르는 국민 모두가 직접민주주의 원리에 따라 정책결정에 참여한다면, 현명한 선택이 이루어질까?

예를 들어 한미자유무역협정(FTA)을 국민투표로 결정했더라면 어땠을까? 이 협정의 의미와 파장을 충분히 이해하지 못하는 대다수 사람의 선택에 좌우되었을 가능성이 크다. 우리나라는 많은 국가들과 FTA를 체결했는데, 미국과의 FTA에 대해서는 사람들의 반대 정서가 유독 강했다. 당시 주된 반대 이유는 농업부문에 심각한 타격이 예상된다는 것이었다. 그러나 그 후의 사정을 보면, 한미 FTA는 우리나라 농업을 크게 후퇴시켰다기보다 오히려 도전을 극복할 수 있는 역량을 키워내는 중요한 계기가 되었다. 대부분의 국민은 이렇게 복잡하고 어려운 정책문제에 대해 자기가 현재 이해할 수 있는 범위 내의 주장에 동조하는 경향이 강하다. 장기적 안목을 갖고 복합적 영향을 고려하기는 어렵다. 이런 경향 때문에 불확실성이 높거나 복잡성이 큰 정책일수록 선동과 선전에 취약할 것이라는 추론이 가능하다.

다양한 사람들이 존재하는 만큼 민주주의의 이상형에 대한 견해 역시 다양할 수 있다. 그 어떤 이상형도 모든 사람에게 보편적인 이상형이 될 수 없음은 분명하다. 그래서 이상형을 이야기할 때는 그것이 과연 누구의 이상형이고, 어떤 목적을 위한 이상형인지를 먼저 물어야 한다. 만일 직접민주주의를 이상적인 민주주의 형태로 보아야 한다면, 그것의 채택이 누구에게 어떤 이익을 주고, 또 누구에게는 어떤 피해를 주는지 잘 따져보아야 할 일이다. 이상형이라는 것은 말 그대로 실현성이 거의 없음을 의미하기도 한다. 더욱이 여러 위험성이 충분히 예상된다면, 그것은 이상형일 수 없다. 직접민주주의 형태의 전형인 국민투표로 EU 탈퇴를 가결했던 영국(Brexit), 분리독립 문제를 국민투표에 붙였던 스페인의 카탈루냐나 영국의 스코틀랜드가 오늘날 겪고 있는 혼란과 갈등을 타산지석으로 삼아야 할 것이다.

15

다수결은 무조건 정당한 선택방법인가?

대학생들에게 강의하면서 '민주주의의 원리는 무엇인가?'라는 질문을 던지면, 가장 많이 듣게 되는 대답이 '다수결로 결정하는 체제'이다. 그도 그럴 것이 국회에서 법을 제정하거나 개정할 때도 다수결 원리가 적용되고, 대통령을 선출하거나 국회의원, 지방자치단체의 장과 같은 주요 공직자를 선출할 때도 다수표를 얻은 사람이 당선되는 것을 보면서 살아 왔으니 말이다. 그러나 '다수결로 결정하는 체제'이기만 하면 그것을 모두 다 민주적인 체제라고 불러도 되는 것일까? 그렇지 않다.

북한에서는 거의 모든 중요한 국가정책이 600명이 넘는 인민대표가 참석하는 최고인민회의에서 만장일치로 결정된다. 그런데 북한은 공산국가이다. 북한만이 아니라 역사상 거의 모든 공산국가가 겉으로 민주주의 국가를 표방하고, 다수결에 의

북한의 투표제도를 풍자한 일러스트.

한 결정이 마치 민주주의의 시금석이기라도 한 듯이 자랑스럽게 내세운다.

하지만 이들이 진정한 의미에서 민주주의를 하고 있다고 보는 사람은 없다. 어쩌면 이 체제의 실권자만큼 다수결이 민주주의를 가장하기 좋은 수단임을 확실하게 알고 있는 사람은 없을 것이다. 6·25동란 중 자행된 인민재판도 유사하다. 일방적으로 반인민죄를 뒤집어 씌우고 처형에 반대하는 사람이 있는지 공개적으로 물은 뒤 즉결처분하였다. 겉으로만 보면 다수결에 의한 판결인 듯 보일 수 있지만, 어느 순간 총부리가 누구를 향할지 알 수 없는 그 자리에서 누가 감히 반대의견을 낼 수 있었겠는가? 이런 사례에서 보듯이, 다수결은 이미 내려진 결정을 정당화하는 수단으로 사용되는 경우가 많다. 다수결이 공산국가에서 더욱 애용되는 이유가 여기에 있다.

다수결의 원리가 민주주의 국가에서 널리 쓰이고 있는 것이 분명하지만, 다수결은 사실 민주주의와 특별한 상관은 없다. 다수결은 서로 의견이 갈리는 문제에 대한 해법을 찾는 과정에서 제기되는 **결정의 정당성을 부여해 주는 방법의 하나일 뿐이다.** 더 나아가 그 방법이 정당성을 얻으려면, 일정한 조건을 충족해야 한다.

첫째, 문제의 성격이 다수결에 적합해야 한다. 복잡성이 높고 매우 전문적인 내용이어서 일반국민이 정확하게 판단하기 어려운 문제에 대하여 다수결로 결정할 수는 있겠지만, 그 결과가 사회 전체를 위해 바람직하다는 보장이 없다. 전문지식이 요구되는 분야의 문제임에도 문외한들이 각자의 상식에 입각해 투표를 하도록 하는 것은 합리적이지 않다. 투표로 결정이 이루어지면 따르는 수밖에 없다는 의미에서 위험하기까지 하다. 2017년 신고리 5, 6호기 건설 여부를 결정하기 위해 일시적으로 운영되었던 공론화위원회가 대표적인 예이다.

원자력발전소의 안전성 문제는 전문지식을 갖지 않은 일반인이 올바른 판단을 내리기 힘든 어려운 문제이다. 전문가들 간에도 의견이 상충되기도 한다. 그러므로 이런 문제는 전문가들에게 맡겨두는 것이 상책이다. 공론화위원회는 원자력과 무관한 471명의 시민참여단이 33일간 소위 숙의(deliberation)과정이란 것을 거쳐 판단을 내리도록 하였다. 이런 숙의과정을 거쳤다 한들 과연 이들이 전문가 식견의 수준에 도달할 수 있었을까? 아주 전문적인 문제에 대하여 전문지식과 경험이 없는 사람들을 대상으로 의견을 묻고 다수결로 결정한다면 이는 제비뽑기와 크게 다르지 않다. 다수결로 결정할 수는 있겠지만, 결정의 정당성은 얻기 어렵다.

둘째, 다수결보다 더 나은 의사결정 방법이 없는 경우에만 다수결은 결정의 정당성을 확보할 수 있다. 예컨대 우리나라의 다음 대통령으로 적합한 인물은 누구여야 하는가와 같이, 전문가든 보통사람이든 판단에 큰 차이가 없는 문제는 다수결보다 더 나은 결정방법을 생각하기 어렵다. 전문가든 보통사람이든 인간은 누구나 이해관계와 편견에서 완전히 자유롭지 못하다. 한마디로 인간은 불완전한 존재이다. 그렇기 때문에 대통령을 선출하는 것과 같은 문제는 전문가들의 결정이라고 해서 저절로 또는 더 정당하다고 말할 수 없다. 그것이 정당해지려면 왜 자기의 선호가 더 그럴듯한지 그 이유를 제시해야 할 것이나, 전문가이든 일반인이든 사람은 각자의 지식과 경험, 가치와 선호가 다르고 천차만별이기 때문에 누구의 선호나 결정이 더 타당하다고 단정할 수 없다.

다수결 그 자체가 결정의 정당성을 주장하게 하는 핵심이 아니다. 각자가 그럴듯한 이유를 경쟁적으로 제시하고, 서로 비판하고 논쟁하면서, 서로가 각자의 해법들에 대한 안목을 넓히고 배움을 키워가면서, 서로가 세련된 판단을 얻는 것에 다수결에 의한 결정의 정당성이 존재한다. 이 과정에서 이미 제안된 해법의 제시자들이 양보하고 타협하여 더 세련된 새로운 제3의 대안에 도달하기도 하고, 비슷한 제안자들끼리 힘을 합쳐 연합세력을 결성할 수도 있다. 이와 반대로 타협적 협의를 통해서가 아니라 단순히 다수결에만 의존하면, 세력들 간에 분쟁과 마찰의 소지가 생기고 이합집산(離合集散)과 합종연횡(合從連橫)을 조장할 수 있다. 이처럼 결정의 정당성을 확보하기 힘든 경우에는, 결정 참여자들에게 거부권(veto power)을 부여하는 방법도 있다. UN 안전보장이사회에서 상임이사국에 부여하는 거부권이 좋은 예이다.

어떤 결정이든 결정의 정당성을 확보하는 면에서 가장 중요하게 고려되어야 하는 요소는 비판의 허용이다. 비판을 통해서만 이성적 판단에 이를 수 있기 때문이다. 증거와 논증을 통하여 옳고 그름의 이유를 밝히는 비판은 비난과 다르다. 비난은 이유를 명시하지 않은 채 감성적 용어로 상대방의 해법을 부정하는 것이다. 단순히 상대방 해법의 불완전한 점을 지적하는 것은 건전한 비판이 되지 못한다. 무수하고 다양한 인간의 노력에서 도대체 완전한 것이 얼마나 있겠는가? 완전한 대안이 있을 수 없다면, 불완전한 대안 중에서 가장 결함이 적은 것을 선택하고, 설득력이 큰 주장에 동조하는 것으로 만족할 수밖에 없다. 그러므로 어떤 비판이 제대로 된 비판이 되려면 대안을 제시하면서 설득력을 발휘해야 한다. 비난을 통해서는 학습이 이루어질 수 없다. 학습 없이는 더 나은 판단으로 나아갈 수 없다.

이성적 노력을 다하고도 그럴듯한 해법을 찾지 못했을 때, 결정 참여자들 중 다수의 지지를 받는 방안이 잠정적으로 더 그럴듯한 방안이라고 받아들이는 것, 이것이 다수결이다. 다수결로 결정했기 때문에 정당한 것이 아니라, 이런 과정과 절차를 거칠 때에만 다수결은 정당성을 얻는다. 다수결이 정당성을 얻을 수 있는 조건은 이것만이 아니다. **결정 참여자들이 각자 자율적으로 판단할 수 있어야 하고, 자유롭고 개방적인 여건 속에서 결정에 참여해야 한다.** 여기서 중요한 것은 소수의 의견이라도 묵살하지 않고 경청해야 한다는 점이다. 여러 나라 국회에서 필리버스터(filibuster), 즉 의사진행을 방해하는 수준의 장광설(長廣舌)을 용납하는 것도 이 때문이다. 이 정도로 비판이 자유롭게 허용되지 않는 한, 다수결에 의존하는 선택은 잘못된 판단으로 흐를 위험성이 있다.

다수결—이성적 노력을 다하고도 그럴듯한 해법을 찾지 못했을 때, 결정 참여자들 중 다수의 지지를 받는 방안이 잠정적으로 더 그럴듯한 방안이라고 받아들이는 것—에 의한 결정이 정답이라고는 말할 수 없다. 그래서 다수결에 의한 결정은 임시적 결정으로 본다. 실제로 틀린 선택일 가능성이 없지 않다. 또 결정 이후에 상황이 변화하여 부적절한 선택으로 판명이 날 가능성도 있다. 그러므로 다수결에 따른 결정은 수정 가능성을 열어두는 것이 보통이다.

또 다수결 방식에도 여러 유형이 있다. 헌법 개정과 같이 매우 중대한 사안은, 결정 참여자의 3분의 2 또는 4분의 3과 같이 과반수를 훨씬 넘는 초과반수(super-majority)를 요구하기도 한다. 다수결이 악용될 소지를 줄이기 위해서다. 그런가 하면 우리나라 대통령 선거에서와 같이, 과반수에 미달할지라도 한 표라도 더 많은 지지를 얻은 후보(대안)를 당선자로 선출하는 방식이 사용되기도 한다. 이를 종다수결(從多數決)이라고 부른다.

다시 강조하건대 다수결은 민주주의의 핵심원리가 아니다. 다만 민주주의 국가에서 비판과 토론의 과정을 거쳐 이루어지는 다수결 방식을 결정의 정당성을 확보하기 위한 최종 수단이라고 보는 것일 뿐이다. 다수결 원칙이 모든 결정의 정당성을 확보한다고 믿는 것은 잘못이다. 이렇게 믿는 사람들 중에는 다수결을 전가(傳家)의 보도(寶刀)처럼 악용하거나 오용한 사람들이 적지 않다. 다수결은 민주주의의 핵심이 아니다. 이 점을 오해하였든, 아니면 자기의 정치적 야욕을 위해 이런 오해를 악용하였든 간에, 다수의 힘으로 자신들의 주장을 정당화시킨 역사적 사례는 넘쳐난다. 독일 나치가 정권을 잡아 운영하는 방법이 그랬고, 공산국가들의 권력유지 방법이 이와 같았다. 민주주의 국가 중에도 심심치 않게 중우정치(衆愚政治)로 전락한 사례가 적지 않다. 짐바브웨 같은 나라가 좋은 사례이다. 민주주의의 탈을 쓰고 있지만 대중영합주의(populism)로 흘러서 국가발전을 퇴보시킨 국가도 있다. 이런 사례는 남미 국가들 중에 특히 많은데, 아르헨티나와 베네수엘라가 대표적이다. 우리나라에서도 권위주의 정부들일수록 다수결 방식을 더 적극적으로 활용하였다.

미국 헌법의 아버지들은 이런 이유 때문에 헌법을 제정할 당시부터 '다수의 폭정'을 경계하였다. 우리가 명심해야 할 것은 다수결이 결정의 정당성으로 쓰일 수 있지만, 아주 한정된 제약조건 속에서만 정당화된다는 점이다. 다수결은 결정의 정당성을 확보하기 위한 유일한 방법이 아니다. 문제의 성격에 따라서 다른 방법에도 정당성이 부여될 수 있다. 이렇게 볼 때 다수결 원리는 지극히 민주적인 원리로 무조건 받아들일 대상이 아니라, 오용과 악용의 위험성에 더 관심을 두어야 할 대상이다.

16

민주정부의 정책결정은 무엇이든 투명하게 공개되어야 하나?

국민의 '알 권리'를 내세우면서 정부의 결정은 무엇이든지 투명하게 공개하여야 한다고 주장하는 사람들이 적지 않다. 정보공개법에 처음 규정된 '알 권리'라는 것이 어떤 근거와 논리에서 이토록 무한히 보장되어야 한다는 뜻인지 궁금하거니와, 도대체 얼마나 투명하면 충분히 투명한 것일까? 정부의 결정을 투명하게 공개하면 이로운 점이 많겠지만, 불리한 점은 없는가?

질문은 여기서 그치지 않는다. 정책이라는 아주 복잡하고 난해한 문제의 해결에서 일반 국민이 모두 다 알 수 있도록 투명하게 공개해야 한다면, 누구에게 이익이 되고 누구에게 불이익이 될 것인가? 정책문제가 너무 어렵고 헷갈려서 알고 싶지 않다는 국민도 많지 않은가? 그렇다면 누구를 위한, 무엇을 위한 투명성인지 충분히 살핀 다음에, 투명성의 바람직한 수준이 정해져야 할 것 아닌가?

투명성에 대한 요구가 날로 거세지는 배경에는 대의민주주의에 대한 불신이 자리하고 있음을 부인하기 어렵다. 대의민주주의의 요체는 투표를 통해 선출된 국민의 대표자들과 정부에 의사결정 권한을 위임하고, 책임 있는 의사결정을 하도록 하는 것이다. 쉽게 말해, 대표에게 믿고 맡기는 의사결정 방식이다. 그런데 오랜 세월 대의민주주의가 운영되는 과정에서 많은 국민이 납득하기 힘든 의아스러운 결정들이 출현하고, 믿고 맡겼는데 믿지 못할 결정이 내려지는 것을 보게 되었다. 그러면서 불신이 생겨난 것이다. 이런 일은 특별한 이익을 얻으려는 세력이 영향력을 행사한 결과가 아닌가 하는 의구심이 싹텄다. 더구나 우리나라는 밀실야합이 적지 않았던 권위주의 시대를 경험해 온 나라이다 보니, 정책결정이 투명해야 한다는 요구가 더 힘을 얻고 있는 것으로 보인다.

사실 정책결정에서 투명성이 확보되면, 여러 가지 이익이 있다. 우선 정책결정과 관련한 정보가 투명하게 공개됨으로써, 편파적이거나 자의적인 결정을 상당히 방지할 수 있다. 결정에 참여하는 사람의 면면이 알려지고, 결정의 동기와 효과를 미리 공개하도록 하면, 공공의 이익에 합치되어야만 결정의 정당성을 확보할 수 있기 때문이다.

정책결정의 투명성이 확보되어 다양한 사람들의 관심과 참여를 얻기 쉽다는 것도 장점이다. 다양한 문제의식이나 관점 또는 시각이 반영될 가능성을 높인다. 그렇게 되면 정책이 졸속으로 결정되는 일도 적어지고, 정책에 대한 편파적 접근도 크게 줄어들 것이다. 잘못된 결정에서 야기되는 정책오차(policy error)를 미리 예방하거나 수정할 가능성이 커진다. 또한 국민들 간에 정책토론이 활발해질 것이다. 자연스레 정책결정 과정에서 피드백을 통한 학습이 일어나고, 더 세련된 정책이 만들어질 가능성이 높아진다.

이렇듯 투명성은 전반적으로 정책결정을 건전하게 유도할 가능성이 높다. 하지만 그렇다고 하여 모든 정책결정이나 정책의 결정 과정이 마치 어항을 들여다보듯이 투명해야 한다는 뜻은 아니다. 정책의 내용에 따라서 비밀을 유지해야 하는 경우도 적지 않다. 투명성의 요구에도 불구하고 국가안보와 외교에 관한 결정은 많은 부분이 상당 기간 공개되지 않고 비밀로 유지된다. 그것이 아직도 보편적인 관례로 용인되고 있다.

예컨대 가상의 적이 모르게 고도의 병기와 군사편제가 유지되어야 전력을 강하게 지속시킬 수 있다. 무슨 무기를 어디에 배치해 두었고, 어떤 식으로 사용하도록 조직을 구성했다는 등의 정보가 가상의 적(스파이들이 이런 정보를 캐려고 혈안이 되어 있다)에게 전해진다면, 어떻게 되겠는가? 일반 국민이 그런 무기체계와 군사배치를 알게 한들, 그것이 무슨 이득이 되겠는가?

일반인이 전문가보다 더 잘 판단하고 더 우수한 선택을 할 리는 없지 않은가? 물론 방위산업 비리 사건에서 보듯이, 소수에 의한 비밀스런 결정은 잘못된 결정으로 귀결될 소지가 있다. 그렇다면 이런 경우에는 투명성으로 얻는 것과 잃는 것을 비교해 보는 것이 마땅하다. 어떻게 해야 결과적으로 더 현명한 정책을 내리는 데 유리한지도 함께 검토해야 한다.

고도의 전문적 판단이 필요한 경우에도 정보가 공개되면서 비전문가들이 다수 결정에 참여하게 되면, 수적 우세를 이용한 선동의 우려가 있다. 정보가 공개된다고 모든 국민이 다 옳은 판단을 하는 것은 아니다. 2008년 '광우병 파동'에서 볼 수 있었듯이, 정보 공개의 이름으로 가짜 정보가 유포될 수 있다. 수많은 사람이 틀린 정보를 옳은 정보로 믿고 억지 주장을 펴서 불신을 유발하고 정책방향을 왜곡시킨 사례들이 적지 않다.

정부의 정책결정에서 권한을 가진 소수 전문가에게만 세밀한 정보를 제공하고 정책결정을 일임하는 것이 민주주의 정부의 일반적인 결정방식이었다. 이런 일반적인 방식이 도전을 받기 시작한 것은 비교적 최근의 일이다. 예컨대 거의 모든 국민의 경제생활에 지대한 영향을 미치는 기준이자율 결정은 금융통화위원회의 소수 전문가들이 비공개로 결정해 왔다. 그것은 지금도 변함이 없다. 고도산업사회에 진입한 이래 기술적으로 복잡하고 사업적으로 고도화되어 있는 문제들을 정책으로 풀기 위해, 수많은 독립규제위원회가 만들어지고 있다. 그들의 전문적 판단에 의존하는 것이, 공개적이고 투명한 정보를 모든 국민이 공유케 함으로써 여론의 풍향에 휘둘리며 결정하는 것보다, 더 유리하다고 보는 것이다.

대표적인 예가 원자력안전위원회이다. 원자력발전소의 유지와 운영을 위원회의 전문가들 판단에 맡기고 있다. 그런데 몇몇 반핵시민단체들이 원자력발전소 안전문제를 소수의 전문가들에게 일임해 두어서는 안된다고 주장한 지 오래다. 소수 전문가들에게 결정을 일임했다고 해서, 모든 결정이 그들의 손에서 자의적이고 편파적으로 흐르는 것은 아니다. 자의성과 편파성을 보여주는 명백한 증거도 없이 원자력 발전과 관계된 모든 정보를 투명하게 공개해야 한다고 주장한다면, 그것은 무엇을 얻기 위한 투명성이며 누구를 위한 개방성인지 따져봐야 한다.

투명성과 개방성이 민주주의의 절대선은 아니다. 그것은 현명한 정책선택을 얻기 위한 범위 안에서 정당화된다. 정책정보가 공개되고 투명성이 확대되면 권력의 남용도 없고 정책실패도 확실히 막을 수 있다고 믿는 것은, 부분적 이익을 절대적 이익으로 착각하는 개념적 오류이다.

원래 투명성은 정책에 대한 치밀하고 정교한 토론을 얻기 위한 방책이다. 개방성과 투명성이 도를 넘게 되면, 차분한 토론을 불가능하게 만드는 경우도 나타난다. 정책결정에서 개방성

『조선왕조실록』의 하나인 『세종실록』.
실록은 사관(史官)이 작성한 사초(史草)를
바탕으로 편찬하였다.

과 투명성을 강조하다 보면, 결정과정에 참여하는 정치인이나 공무원 등이 어떤 의견을 개진하고, 무엇에 찬성하거나 반대한다는 사실마저 낱낱이 밝혀지게 된다.

정책사안이 극한적인 이념의 대립이나 이해관계의 대립을 내포하고, 정책방향에 따라 국민들이 입게 될 이익과 손해가 분명하게 엇갈리는 경우를 예로 들어보자. 정책결정 과정에서 참여자들이 개진한 발언내용이나 의결내용이 공개된다면, 혹 있을지 모를 비난이나 위협이 두려워 속마음을 정직하게 토로하기 힘들다. 자연히 회의내용이 피상적으로 흐를 수 있다. 요즈음 모바일 네트워크에서 심심치 않게 '신상털이'가 나타나는 것도 이러한 위험성을 방증한다. 경우에 따라서는 회의 참여자들에게 화풀이하거나 테러를 감행하는 경우도 있을 것이다. 이런 상황 하에서 정책에 대한 치밀하고 정교한 토론은 불가능하다.

정책결정의 투명성으로 이익보다 손실이 훨씬 더 큰 경우는 이뿐만이 아니다. 논의과정에서 공개된 정보를 취득한 사람이 그 정보를 이용하여 사익을 추구할 가능성이 큰 사안의 경우에는, 정책의 효과와 공정성이 크게 훼손될 것이다. 그럴 때는 논의과정이나 내용을 상당기간 비공개로 남겨두는 게 좋다.

국민의 '알 권리'를 더 중요시하고 우선한 나머지 정책 관련 내용이 공개되면, 본격적인 논의가 채 시작되기도 전에 성급하게 여론이 형성될 수 있다. 그리하여 좋은 정책을 선택하기보다 다수가 원하고 지지하는 정책을 쉬 선택해 버리고 만다. 다수의 선택이 항상 현명한 선택을 보증하지는 못한다. 심도 있는 논의를 통하여 현명한 선택을 얻고자 하는 투명성의 이익은 사회세력에 의해 힘없이 무너질 수 있다. "소시지와 정책은 어떻게 만들어지는지 그 과정을 보지 않는 것이 좋다"는 비스마르크(Bismarck)의 말은 이런 경우를 두고 하는 말이다.

이런 맥락에서 정책결정의 투명성 문제는 책임성 문제와 결부하여 생각하는 것이 필요하고, 도움이 될 때가 많다. 양자를 분리해서 생각하면 불합리한 선택에 이르기 쉽다. 정책을 옳게 결정해야 할 책임은 투명성을 통해 얻을 이익과 손해와는 차원이 다르기 때문이다. 예컨대 어떤 정책으로 피해를 볼 가능성이 있는 사람들의 의견이 정책결정에 반영될 때, 민주적 참여의 원리가 충실히 실현되는 것으로 볼 수 있다. 참여를 허용하려면 그들에게 정책에 대한 정보를 정직하고 충실하게 제공해야 한다. 문제는 이해당사자라고 해서 정책문제에 전문적 식견을 가진 것은 아니라는 데 있다. 과연 이해하기도 어려운 정보를 일방적으로 제공하는 것이 옳은 결정에 도움을 줄 것인가? 또는 정책의 이해당사자에게 의견 개진의 권리를 부여하는 것이 반드시 책임을 다하는 정책결정의 길일까? 만일 그렇다고 한다면, 그런 권리를 가진 사람들의 범위는 어디까지일까? 더 넓은 범위의 사람들에게 의견개진을 허용하면, 정책결정 과정이 교착상태에 빠져들어 옳은 결정을 내릴 책임을 다하기가 더욱 어려워질 것이다.

국민의 '알 권리'라는 한 측면만 바라보고 정보를 투명하게 공개하라는 요구는, 그 정보가 공개되어 이익을 보는 사람들의 요구일 수 있다. 정보공개 자체가 저절로 더 옳은 정책을 보증하지는 못하거니와, 모든 국민에게 공통의 이익을 보장하는 것도 아니다. 따라서 그것은 정책결정에서 고려해야 하는 여러 다른 차원을 아울러 종합적으로 판단해야 할 대상이다.

끝으로 여기서 혼동하지 말아야 할 사항이 하나 있다. 정책결정 과정의 투명성 문제와 정책결정 과정에서 생산된 정보를 잘 기록해 두고 그 기록들을 일정 기간이 지난 후에 공개하는 문제는 서로 차원이 다르다는 점이다. 국민의 '알 권리'라는 개념에서 시작한 정책결정 과정의 투명성 보장은 여러 가지 차원에서 다양한 평가가 가능하다. 이들은 당장의 문제에 관련되어 있다. 한편 경험의 기록은 당장의 논쟁 대상이 아니다. 그것은 미래에 공개될 대상이다.

정부 정책에 관한 기록들은 최대한 확보되고 장기간 보전되어야 한다. 그리고 일정기간이 지난 후에(예컨대 30년, 또는 50년) 반드시 공개되어 후대가 교훈을 얻는 학습자료로 활용될 수 있어야 한다. 조선시대에 사초(史草)는 당대의 국왕에게는 절대 공개하지 않고, 사후에야 실록 작성의 재료로 삼았다. 이런 위대하고 자랑스런 전통을 가진 나라에서 기록유산의 중요성과 가치를 망각하고 함부로 파손하거나 훼손한다면 심히 부끄러운 일이다.

17

시민단체는 정말 시민을 위한 단체인가?

민주주의가 발전하기 위해서는 건전한 시민사회가 뒷받침되어야 한다는 주장이 있다. 민주주의의 선진국으로 평가 받는 미국이나 영국, 프랑스, 독일, 그리고 일본까지도 이런 주장의 타당성을 입증해 주는 듯 보인다. 다소 어색한 표현이지만, 시민사회(civil society)를 공적인 목적을 추구하는 시민들의 자발적 집합체 또는 이들이 활동하는 공간 정도로 이해한다면, 이 공간에서 주도적인 역할을 수행하는 존재가 단연 '시민단체'라고 말할 수 있다. 여기서 말하는 '시민단체'는 '비영리단체,' '비정부기구,' '시민사회단체,' '자원봉사단체' 또는 '공익단체' 등을 널리 포괄한다.

국가와 시장에 대비되는 개념으로서 시민사회라는 말이 등장한 것은 민주주의 발전의 역사와 관련이 있다. 국가의 일을 담당할 사람들을 국민이 선출하여 담당시키도록 하는 대의민주주의는 18세기 말에 나타난 위대한 사회적 창안이었다. 19세기 말에 와서 사회가 발전하면서 정부 관료제를 근간으로 국가를 대표하는 정부의 뼈대가 갖추어지고, 공적인 활동 영역과 사적인 활동 영역이 구분되는 큰 변화가 일어났다. 이런 변화의 흐름 속에서 국가도 시장도 아닌 '시민사회 활동'의 담당체로서 '시민단체'의 출현은 20세기 후반의 위대한 사회적 변혁의 하나다. 물론 그 이전에도 자발적인 시민들의 모임이 없었던 것은 아니지만, 시민단체들이 민주주의의 발전을 이끄는 일에 주도적인 역할을 한 것은 최근의 일이다.

이런 역사적 변화의 배경과 원인 등에 대해 여러 측면과 차원에서 논의할 수 있겠지만, 여기서는 '수많은 시민단체는 정말로 시민을 위한 단체인가?' 하는 질문만을 다루어 보려고 한다. 여기서 이 질문에 관심을 집중하고자 하는 이유는, 보통 시민들이 시민단체를 어떤 눈으로 보고 어떻게 대응해야 할지 혼란스러워 하는 면이 있기 때문이다.

우선 시민단체는 비영리단체로서 일반 시민들이 자발적으로 만든 자율적 단체를 지칭한다. 정부에서 공적 목적을 위해 만든 것이 아니다. 하지만 공공적 이익은 아니더라도 최소한 공동의 이익을 증진하기 위한 조직이라야 시민단체의 이름을 걸 자격이 있다. 예컨대 환경이라는 공익을 보호하기 위한 단

해양 보호 활동을 펼치던 그린피스 소속의 레인보 워리어 (Rainbow Warrior) 호. 그린피스는 우리나라를 비롯해 세계 여러 나라에 지부를 두고 있는 국제 환경보호 단체이다.

체, 또는 소비자를 보호하기 위한 단체 등이 이에 속한다. 시민단체들은 일반적으로 조직의 규모가 크지 않고, 끼리끼리 모이는 특성이 있다. 예컨대, 환경보호에 관련된 시민단체의 예만 보더라도 공해추방운동연합, 환경운동연합, 한살림모임, 반핵평화운동연합, 녹색연합, 여성환경연대, 생명의 숲과 같이 다양하다. 이 이외에도 북한산 쓰레기수거 여성모임, 울산공추련(공해추방연합)같이 지역을 기반으로 하는 환경보호단체나 모임은 그 숫자를 헤아리기 어려울 정도다.

크지 않은 단체들이 각자 독특한 설립목적을 갖고 있다. 예컨대 환경보호라는 범주 안에서도, 서로 다른 영역에서 서로 다른 활동들을 한다. 필요한 경우에 서로 연대하기도 하지만, 각자 개별 조직으로 자율적이고 자치적으로 활동하기를 원하는 편이다. 그 대가는 조직으로서 생존해야 하는 부담이다. 이런 이유로 어떤 단체는, 조직 및 재정기반이 빠르게 확충되어 큰 영향력을 행사하는가 하면, 근근이 운영되는 단체들도 허다하다. 모든 시민단체가 설립 당시의 목표를 실현하기 위한 활동 이외의 일에 관여하거나, 때때로 공공의 이익과 어울리지 못하는 활동을 하기도 하는데, 그 중요한 이유 중 하나가 조직생존과 관련이 있다. 실제로 상당히 많은 시민단체가 공공적 목적을 표방하지만, 사실은 정권의 이익을 위해 봉사하기도 하고 때로 협조하기도 하는 경우도 드물지 않게 볼 수 있다. 의도가 선하다고 행동의 결과가 반드시 선하게 나타나는 것은 아니다. 왜 이런 현상이 시민단체의 활동에서 흔히 발견되는 것일까?

우선 시민단체의 등장 배경에 주목할 필요가 있다. 시민단체들은 20세기 후반 이후 우후죽순처럼 생겨났다. 후기산업사회로 들어서면서 나타나는 수많은 사회 문제들을 정부가 적절하게 해결하지 못하기 때문이다. 예컨대, 경제적 불균형, 인권 문제, 환경 문제, 청소년 문제, 소비자 보호, 최근에는 정보격차 문제까지 다양한 부분과 분야에서 정부가 미처 혹은 충분히 대비하지 못하면서, 시민들 스스로 사회적 문제를 해결해 보겠다는 의도에서 출현하게 된 것이 시민단체라는 말이다. 정작 문제는 이런 사회 문제들이 언젠가 해결되어야 할 과제인 것은 분명하지만, 그 해결책이나 방향, 혹은 전략이 사람마다 가지각색일 수밖에 없다는 데 있다. 이것은 시민단체들이 이념적 성향에 따라, 가치관에 따라 각양각색의 분파로 갈라지면서 난립할 수밖에 없다는 사실을 암시한다.

후기산업사회로 접어들면서 중산층이 넓어지고, 높은 학력을 지닌 시민세력이 증가하고 있다. 컴퓨터와 인터넷 같은 정보통신기술은 공동의 관심사를 결집하여 조직화하는 비용을 줄여준다. 이런 현실은 시민사회의 분화 현상이 날이 갈수록 격화될 가능성을 시사한다.

다음으로 이런 사회 문제의 해결을 위해 노력하는 일은 정치적 야망을 가진 사람들에게 안성맞춤이다. 물론 진정으로 순수한 의도에서 공인된 사회 문제의 해결을 위하여 또는 공익의 증진을 위하여 희생적으로 봉사하려고 나선 사람들이 대다수라고 본다. 하지만 처음부터 정치적 야망을 달성하려는 의도에서 시민단체의 설립을 주도하거나, 아니면 순수한 활동을 하다가 정치적 야망을 키우는 경우가 적다고는 볼 수 없을 것이다. 이 경우를 특별히 언급하는 이유는 시민단체가 정치적 의도를 갖거나 정치에 몰입하게 되면, 시민단체의 순수성 시비가 일어나면서 시민단체의 난립 현상이 더욱 심화될 가능성이 커진다고 보기 때문이다.

여기서 시민단체의 급조와 난립을 무조건 문제 삼으려는 뜻은 없다. 시민단체들 사이의 통일적 활동을 기대하기가 쉽지 않은 만큼, 시민단체들이 각양각색으로 구성되고 활동하도록 분위기를 조성할 필요성도 있다. 다양성 속에서만 비슷한 시민단체들 간에 경쟁이 야기되고, 더 멋있게 공공의 이익을 구현하려는 단체들이 대종을 이루게 될 것이다. 다른 한편으로 다양한 시민단체의 등장은 사회 문제 해결의 창의성을 높이는 데도 기여할 것이다.

더 나아가 시민단체의 다양성은 민주주의를 건전하게 유지하는 데 도움을 준다. 국가나 지방의 정책결정 과정에서 시민단체들이 서로 다른 다양한 견해를 발표함으로써, 훨씬 폭넓은 검토를 가능하게 만든다. 간혹 예외가 있기는 하지만, 전반적으로 건전한 시민단체들이 정부에 국민이 원하는 바를 더 구체적이고 정확하게 전달하는 의견 투입의 창구 역할을 하는 것도 사실이다. 정부에서 이들의 활동을 존중하며 활용한다면, 국정 운영에 '보완적'인 역할을 하는 기구가 될 수 있다. 복지정책에서 수많은 복지재단이나 종교재단을 활용하는 것이 좋은 사례이다.

다양한 시민단체의 등장과 활동이 가지는 이와 같은 여러 가지 순기능에도 불구하고, 시민단체의 난립은 시민단체가 본래의 의도와 목적에서 동떨어진 활동을 하도록 만드는 핵심 요인이다. 어떤 조직을 막론하고 조직은 일단 생기고 난 다음에는 조직의 생존을 최우선 과제로 삼기 마련이다. 이것을 조직의 철칙(iron law)이라고 부르기도 한다. 조직이 당초의 설립목적이 아니라 조직의 생존에 매달리기 시작하면, 제3자의 눈으로 보기에 비상식적인 일들이 쉽게 자행된다. 공동체 정신을 망각하고 지엽적인 이익을 공공의 이익으로 강변하는가 하면, 정부나 사회의 문제점을 열심히 지적하면서도 자신의 결함이나 문제점에 대해서는 비판의 화살을 막고 꺾어버리려는 모순적인 행태를 보이기도 한다. 시민단체들 중에는 간혹 자신들의 견해를 강요하기 위해 폭력시위 등으로 사회 전체에 불필요한 비용을 초래하는 경우도 없지 않다. 정부정책을 비판할 권리만 있는 것이 아니라, 자신의 선택과 활동에 책임을 져야 하는 존재가 시민단체이다. 또한 공공의 이익 향상을 위해 스스로가 공적으로 떳떳한 처신을 하지 않으면 안된다.

그렇지 못한 사례들이 다수 등장함에도 불구하고, 정부가 공익을 일탈한 시민단체에 책임을 추궁하거나 적절한 통제를 가하기 어려운 측면이 있다. 시민단체가 새로운 시대의 산물이고, 일반 시민들의 자발적 조직이기 때문이다. 현재로서는 시장의 원리에 따라 본래의 목적과 의도에서 벗어난 행태를 보이는 단체들이 시민들의 비판이나 지탄을 받아 시장에서 사라지기를 바라는 것 외에 다른 뾰족한 방법이 없어 보인다. 그러나 시민단체의 본질적 성격과 사회적 기여를 고려한다면, 국회가 지원제도를 만들고 좀 더 공익적인 활동에 매진하는 단체를 선택적으로 보조하는 등의 방법은 강구해 볼 가치가 있다.

18

민주주의 국가는 왜 갈등을 당연시하며 관리대상으로 보는가?

각양각색인 사람들이 모여 사는 사회에 갈등이 없을 수 없다. 갈등이 없다면 그게 오히려 비정상이다. 그런데 대부분의 문화권과 정치체제에서는 갈등을 매우 부정적으로 본다. 갈등의 표출을 꺼릴 뿐 아니라, 갈등을 부추기거나 조장하는 사람을 반사회적인 존재로 몰아세우고 무자비하게 탄압하기도 한다. 민주주의는 갈등을 부정적으로 보지 않는다. 오히려 갈등을 국가와 사회발전의 기회와 원천으로 삼는다. 이보다 더 뚜렷이 민주주의 체제의 차별성과 우월성을 드러내는 요소는 없을 것이다.

민주주의 국가는 다음 두 가지 이유에서 사회갈등을 부정적으로 보지 않는다. 첫째, 민주주의가 추구하는 최고의 가치가 국민의 자유와 권리의 보호이기 때문이다. 민주주의는 인간이라면 누구나 독립적이고 자유로운 삶을 소원하며, 이런 개개인의 소망을 달성하기 위해서는 각자의 몸과 정신, 그리고 재산권이 보장되어야 한다는 관념에 기초해 있다. 제대로 된 민주주의 국가는 타인의 자유와 권리를 침해하지 않는 범위 내에서 개인의 자유와 권리를 최대한 보장하는 것을 국가의 존재 이유이자 목적으로 삼는다. 개인의 자유와 권리에는 서로가 지켜야 할 일정한 선이 있지만, 국민 개개인이 각자의 자유와 권리를 최대한 누리고 행사하는 과정에서 대립하는 주장과 세력이 생겨나는 것은 불가피하다. 각자 생각이 다르고, 인생관, 가치관, 국가관, 사회관 또한 다르기 때문이다. 따라서 민주주의 사회에서 다소간의 마찰과 갈등은 일상적인 일이다.

민주주의 국가가 사회갈등을 부정적으로 보지 않는 두 번째 이유는 그것이 국가와 사회발전의 중요한 원천이라고 보기 때문이다. 국민이 한껏 자유를 누리고 각자의 목적을 위해 자신의 권리를 행사할 때, 즉 아무런 부당한 방해를 받지 않을 때, 개인의 창의가 꽃 피고, 개개인의 능력과 잠재력이 빛을 발할 수 있다. 국가와 사회가 발전하려면 국민이 새로운 일에 도전하고, 새로운 아이디어를 실험에 옮기며, 혁신을 지속해 나가야 한다. 이를 위해서는 무엇보다 앞서 국민의 자유와 권리가 보장되어야 한다. 익숙하지 않은 새로운 것에 대한 도전, 실험, 혁신이 경쟁적으로 추구되는 과정에서 사회갈등이 야기되는 것은 당연하다. 이 역시 자연스러운 일이라고 본다. 예컨대 새로운 기술이 개발되어 상용화될 때 대다수는 이를 반기겠지만, 환경이나 청소년에 대한 부정적 영향을 우려하여 반대하는 사람도 있기 마련이다.

민주주의 사회와 국가는 일반적으로 다른 정치체제의 사회와 국가보다 시끄럽고 소란스럽다. 심한 경우 무질서하고 뒤죽박죽으로 보일 수도 있다. 이런 모습을 보고 불평불만을 늘어놓거나 비난하는 사람들이 의외로 많다. 이것이 민주주의 사회의 정상적인 모습이라는 생각을 미처 하지 못하는 것이다. 민주주의 사회에서 국민의 자유와 권리의 보호 못지않게 관용(tolerance)이 높게 평가되는 이유도 이와 관계가 있다. 서로에 대하여 관대한 마음을 갖지 않으면, 다투고 싸울 일 천지인 것이 민주주의 사회이다. 자기의 생각과 관점은 무조건 옳고, 다른 사람의 생각이나 관점은 완전히 틀렸다는 편견과 독선이 지배적이면, 민주주의 사회의 건강성이 위험수위를 맴도는 것으로 보아 크게 틀리지 않는다.

민주주의 사회와 국가는 시끄럽고, 소란스러운 것이 정상이다. 어떤 면에서는 혼란스럽고 뒤죽박죽인 것처럼 보이는 게 정상이다. 거꾸로 말해 민주주의 사회에서 매사가 조용하게, 일사천리로 진행되고 결정된다면, 그것이 과연 민주주의 사회인지 의심해 보아야 한다. 일사천리, 일사분란은 권위주의 국가, 전체주의 국가, 독재국가의 특징이다. 이들 나라에서는 개개 국민이 자신의 자유와 권리, 이익을 위해 자기주장을 펼치고, 자기의 권익을 침해하는 타인의 행동이나 국가의 처사에 반대하며 집단행동에 나서는 것을 억압하려 든다.

사회의 갈등은 국민의 자유와 권리의 보장을 최고의 가치로 삼는 민주주의 사회와 국가가 감당해야 할 필연적인 대가이다. 국민의 자유와 권리를 최대한 보장하고 인정하려면, 이 정도의 소란은 자연스런 일로 용납하지 않으면 안된다. 이 같은 인식과 이해가 널리 공유되지 않으면, 민주주의는 건강하게 유지되고 존속할 수 없다. 민주주의 사회와 국가에서 사상의 자유, 언론의 자유, 집회의 자유 같은 것은 사회의 갈등과 대립을 최대한 용인하고 관용한다는 약속의 표현이다.

사회갈등은 다양한 분야에서 각양각색으로 나타난다. 국가의 활동과 관련해서는 권력의 사용과 관련하여 혹은 국가의 역할이나 기능의 한계와 관련하여 제기된다. 국가의 활동, 특히 국가권력의 사용 또는 정부가 추진하는 사업과 정책 프로그램과 관련해서는 늘 찬성하는 집단과 반대하는 집단이 갈린다. 갈등과 대립을 이상한 눈으로 본다면 그것이 오히려 이상한 일이다. 자기가 찬성하는 정부의 일이나 사업에 대해 반대하는 집단이 있기 마련이다. 자기가 반대하는 일에 찬성하는 집단이 없기를 바란다면, 그것도 비정상이다. 이런 의미에서 제대로 된 민주주의 국가, 그리고 그런 국가의 국민은 국가권력의 사용이나 정부의 사업 및 정책 프로그램에 대한 모든 형태의 비판과 반대를 제약하지 않는다. 반대할 자유와 권리의 부정은 민주헌법을 부정하는 일로 간주한다.

더 나아가 제대로 된 민주주의 국가와 사회는 사회의 갈등을 순기능적으로 활용한다. 입장과 시각이 가지각색인 사람들이 서로 다른 의견을 제시해, 대화하고 토론하고 타협할 때에만 실패의 소지와 가능성을 줄일 수 있다. 이것만이 일사분란한 실패의 위험성을 피할 수 있게 해준다고 본다. **상호 비판과 토론이 생략되면, 국가의 중요한 선택이나 정책의 오차를 교정하고, 이런 반복적 학습을 통해 더 나은 선택, 더 나은 정책에 이를 수 없다.**

전제주의적이거나 권위주의적인 정부가 사회갈등을 보는 시각이나 사회갈등을 다루는 방법과 커다란 대조를 이루는 부분이 바로 이 부분에서다. 독재국가 혹은 권위주의 사회라고 해서 갈등이 없을 리 없다. 이런 사회와 국가에서는 갈등과 대립을 억압하기 때문에 잘 드러나지 않을 뿐이다. 수면 아래 잠복해 있을 뿐이다. 갈등의 표출은 무서운 탄압, 심하게는 죽음을 각오해야 하는 일이기 때문이다. 갈등이 곪아 터져 급기야 혁명으로 발전하는 나라들은 바로 이런 나라들이다.

민주주의 사회와 국가는 사회갈등을 바라보는 관점에서뿐만 아니라, 사회갈등을 다루는 방법 면에서도 판이하다. 갈등은 공개되고, 적법절차에 따라 해소된다. 그러므로 민주주의 국가는 사회갈등을 원만하게 조정하고 해소하기 위한 제도와 절차, 심지어 예상되는 갈등을 슬기롭게 관리하기 위한 제도와 절차들을 잘 갖추고 있다. **민주주의 국가들은 갈등을 억압의 대상이 아니라 관리의 대상으로 본다.** 즉, 갈등은 억압해도 안되지만, 그렇다고 폭력으로 흐르거나 파괴로 치닫도록 내버려 두어서도 안된다고 보는 것이다. 이처럼 갈등을 억압대상으로 보지 않고 관리의 대상으로 보는 것만큼 정치체제로서 민주주의의 탁월성을 잘 보여주는 것은 없다. 갈등이 허용되어야 다양성이 보장되고, 다양성이 있어야 창의력이 살아나며, 사회가 활기차게 움직인다고 믿는 까닭이다.

민주주의 국가의 갈등 해결 제도와 절차의 예는 많다. 대부분의 인류역사에서 정치권력의 교체는 거의 언제나 폭력적으로 이루어졌다. 이것의 예외가 민주주의 체제이다. 민주주의 국가에서는 일반 국민이 참여하는 보통선거를 통해 평화롭게 권력이 승계된다. 열띤 선거전의 와중에는 경쟁 정파 간에 '죽고 살기식'의 극한 대립이 펼쳐지지만, 선거가 끝나면 결과에 승복하고 승자에게 축하 인사를 건네는 것이 민주주의의 멋진 관행이다. 3권분립은 갈등을 건설적인 기능으로 활용한, 민주주의 국가의 매우 역설적인 제도의 전형이다. 국가권력을 입법, 행정, 사법의 3부로 나누어 서로 견제하도록, 즉 대립하고 갈등하도록 의도적으로 만들어두지 않으면, 필경 독재국가로

로마 검투사 복장을 한 아일랜드의 두 정치 지도자가 재판관 앞에서 싸우고 있다. 아일랜드의 독립을 두고 대립한 두 정치세력을 풍자한 정치만평이다.

가는 것을 막을 방도가 없다는 생각에서 출발한 제도가 바로 3권분립 제도이다.

대다수 민주국가의 헌법이 복수정당 제도를 채택하고 있는 것도 동일한 이유에서다. 정당 간에 대립과 갈등이 있어야 어느 한 정당도 독단적으로 정치를 끌고 가는 일당독재가 불가능해진다고 보는 것이다. 더 나아가 다수의 정당이 서로 갈등을 일으키고 경쟁할 때, 더 창의적인 정책과 제도가 나올 수 있다고 본다. 한마디로 말해 민주국가의 헌법은 사회의 갈등을 표출하기보다 갈등을 숨기는 것이 오히려 더 위험한 결과를 낳는다는 인식에 기초해, 갈등을 제도화(institutionalization)하고 있다. 민주주의는 갈등을 소화해 내고 승화시키기 위한 각종 지혜와 예지가 담긴 제도로 가득 차 있다. 민주주의를 '타협의 예술'이라고도 말하는 것은 이런 이유에서다.

민주주의 국가에서 대립과 갈등이 제도화된 영역은 비단 입법부만이 아니다. 행정부 내에서도 여러 부처가 정책을 두고 서로 경쟁하고 갈등하고 대립하는 것을 흔히 볼 수 있다. 예컨대 산업자원부는 에너지 생산에 유리한 정책을 선호하지만, 환경부는 친환경 에너지 정책을 선호한다. 이런 행정기관 간의 갈등을 부정적으로 보는 사람들이 많다. 부처 이기주의, 부처 할거주의에 빠져 있다는 비판의 목소리가 흔하다. 하지만 생각해 보라. 진정 부처 이기주의가 문제라면, 굳이 부처를 여러 개로 나누어 설치할 필요가 무엇이겠는가? 행정부에 여러 부처를 나누어 설치한 것은 민주주의의 핵심원리인 견제와 균형의 원리가 작동하도록 하기 위한 것이다. 다양한 시각에서 국가정책을 들여다봄으로써, 서로 다른 의견을 내고 그런 의견들이 다투고, 경쟁하고, 그래서 대화와 타협이 모색되는 가운데 최선의 정책이 만들어지도록 하기 위해서다. 부처간 협의 제도, 관계 장차관회의 제도, 국무회의 제도 등이 좋은 예이다.

민주주의 국가에서 갈등은 우선적으로 정치권과 국회, 그리고 언론 등을 통해 대화와 토론으로 풀어나가고 줄여나가는 것이 기본이다. 이것이 가능하지 않을 때, 최종적으로 의지할 수 있는 국가기관이 사법부이다. 제5장에서 강조하고 있다시피, 민주주의 국가에서 최종적이고 궁극적인 갈등 해결 기구는 바로 사법부이다. 다른 대안이 없는 이상, 사법부의 최종적인 판단의 정당성 확보는 절대적인 사항이다. 민주국가에서 사법부의 독립성과 정치적 중립성 확보를 강조하는 이유가 바로 여기에 있다. 이것이 전제되지 않는다면, 갈등의 불씨는 꺼지지 않고 계속 파괴적으로 타오를 수밖에 없다. 사법부의 독립성, 정치적 중립성과 함께 사법절차의 중립성과 보편성도 확실하게 보장되지 않으면 안된다.

주지하듯이 법원의 판결 과정에서는 서로 입장을 달리하는 쌍방의 소송 당사자가 본인이 직접 또는 변호사의 조력을 받아 상호 공방을 벌인다. 그리고 법관은 오로지 법과 양심에 따라 판결하게끔 되어 있다. 법관의 판결에 이의가 있는 측은 고등법원에 항고하거나 대법원에 상고할 수 있다. 국가나 지방자치단체 등이 당사자가 되는 소송의 경우도 유사한 절차를 따른다. 심각한 정치사회 갈등의 대부분은 이념이나 가치가 뒤엉켜 있는 경우가 많다. 그것들은 궁극적으로 헌법의 이념과 가치에 의해 판단될 사안이므로, 헌법재판소 같은 기구를 설치 운영하기도 한다.

이와 같이 민주주의 체제는 갈등의 존재를 당연시하고, 갈등 해결을 위한 다양한 제도를 잘 갖추고 있다. 그렇다고 해서 민주주의 국가의 사회갈등이 언제나 신속하게 해소되어 평온한 상태를 지속하는 것은 물론 아니다. 이러저러한 갈등은 끝없이 계속된다. 심지어 갈등의 해결 방식을 두고 새로운 갈등이 생겨나기도 한다. 이 세상에는 다양한 사람과 세력이 존재하고, 그 가운데는 갈등의 해소보다 갈등의 증폭을 통해 자기의 입장을 강화하려는 부류도 존재한다. 갈등이 증폭될수록 사태가 자기에게 유리하게 돌아갈 것이라고 예상하는 세력은 갈등 해소 노력을 거부하거나 심지어 훼방하기도 한다.

여기서 반드시 강조되어야 할 사실이 있다. 그것은 갈등의 완전한 해소 혹은 갈등의 부재가 이상적 민주주의를 뜻하지 않는다는 사실이다. 민주주의 체제는 갈등의 존재를 당연시할 뿐만 아니라, 갈등을 관리해야 할 대상으로 본다. 심지어 갈등의 순기능을 인식하여 의도적으로 갈등을 조장하고 장려하기도 한다. 이것이 국민의 자유와 권리를 최대한 보장하는 길인 동시에 국민의 창의와 다양성을 최대한으로 끌어내는 길이고, 국가와 사회의 발전에 이바지할 수 있는 길이라고 믿기 때문이다.

갈등을 피하는 길이 전혀 없는 것은 아니다. 하지만 그 길은 필경 전체주의로 가는 길이다. 그 길로 가면 필연적으로 국민의 자유와 권리가 억압된다. 국민의 자유와 권리가 억압되면, 개인의 창의성, 사회의 다양성과 역동성이 위축되면서 국가와 사회는 활력을 잃고 퇴보할 수밖에 없다. 거듭되는 역사의 교훈을 잘 살린 제도와 체제, 그것이 바로 민주주의 제도이고 체제이다.

19

민주주의의 성숙을 위한 문화적 기반은?

오랜 세월 동안 전제왕조와 권위주의에 익숙해져 왔기에, 한국은 민주주의를 하기에 부적합하다고 주장하는 사람이 간혹 있었다. 예컨대 박정희 대통령은 유신헌법을 제정하고 유신정부를 태동시키면서 순수한 형태의 민주주의는 한국에 부적합하다는 핑계를 댔다. 유신체제가 왜 '한국문화에 적합한' 민주주의 방식인지에 대한 논리적 설명은 턱없이 부족했다.

국민의 기본적 자유의 상당 부분을 제한하고, 입법부와 사법부의 완전한 독자성을 인정하지 않은 유신헌법은 한마디로 비민주적인 헌법이었다. 1987년 민주항쟁 이후 유신헌법이 폐지되고 현행 헌법이 제정된 지 30여 년이 흐른 지금까지, 한국의 민주주의는 나름대로 정착, 공고화, 성숙의 길을 걸어왔다. 이제 민주주의 체제가 한국의 문화에 적합하지 않다거나 우리

1960년 8월의 제5대 국회 개원식 및 의장 선거 모습. 4·19 이후 들어선 제2공화국 정부는 다음해 발발한 군사쿠데타로 짧은 수명을 마치고 만다.

나라에는 민주주의를 위한 문화적 기반이 없다고 말하는 사람이 있다면, 미친 사람 취급을 면치 못할 정도가 되었다.

민주주의 제도의 초석은 개인주의이다. 개인주의는 개인의 자유와 권리의 보장을 무엇보다 우선시한다. 그러나 자유민주주의 국가에도 사회가 있고, 문화가 있다. 개인주의 사회라고 해서 개인주의적 행동만 있는 것이 아니다. 개인주의 사회도 개인의 자유와 권리의 요새인 국가에 대한 공통체 의식, 그리고 사회적 연대와 결속을 필요로 한다. 그러므로 어떤 사회에나 문화는 있고, 문화는 그 사회에 사는 사람들의 행동양식(way of living)을 대변한다. 알게 모르게 개개인의 행동 하나하나에 영향을 미친다. 자기와 타인의 자유와 권리를 보호하기 위해 누구나 지켜야 하는 개인 행동규범, 또 공동체의 일원으로 살아가기 위해 누구나 받아들이는 사회규범과 관습, 그리고 그것들이 역사적으로 변천하면서 만들어진 전통 등이 하나로 어우러져 문화가 형성된다.

또 문화는 역사성이 있다. 하루아침에 만들어지지 않지만, 하루아침에 바뀌지도 않는다. 법률이나 행정명령 등의 인위적인 제도, 혹은 공식적인 제도(formal institutions)에 의해 쉽게 개정되거나 폐지되지도 않는다. 오히려 법률이 사회규범과 관습 등 비공식적인 제도와 문화의 영향을 받아 굴절되고 변형되는 것이 일반적이다. 바로 여기에 민주주의와 더불어 민주주의의 문화적 기반을 생각해 보려고 하는 이유가 있다.

민주주의와 양립할 수 있는 시민들의 삶의 양상을 담고 있는 문화는 과연 어떤 문화일까? 문화야 어떻든 제도만 잘 갖추어져 있으면, 민주주의가 잘 돌아가고, 국가와 사회는 융성할 수 있을까? 그럴 것 같지 않다. 민주주의를 잘 발전시켜 가려면, 민주주의의 토양인 시민문화가 민주주의를 받쳐주어야 한다. 요컨대 민주주의는 문화적 기반을 필요로 한다.

이런 시각에서 우리 사회를 보면 어떤가? 요즘 사회가 돌아가는 모습을 보면, 과연 이런 자세나 정신상태로 민주주의를 잘할 수 있을까 하는 의문이 들 때가 있다. 틈만 보이면 법을 무시하는 사람이 너무 많다. 불법이 횡행하는 사회에서 나만 불법을 자행하지 않는다고 뭐가 달라지겠는가, 나만 손해 보는 게 아닌가 하고 생각하는 사람이 너무 많다. 소위 '갑질'을 하는 사람들도 주변에서 흔히 볼 수 있다. 뭔가 잘못되면 자기의 책임을 시인하기보다 남의 탓으로 돌리기 바쁘다. 시민의식의 모범을 보여야 할 국회의원들은 타협을 모르고 정치적 술수 찾기에 골몰한다. 아무리 위대한 지도자가 나온들, 더 나은 민주국가 사회로 나아갈 수 있을지 의심이 든다.

선진 시민문화가 받쳐주지 못하면 민주주의는 앞으로 나아가기 어렵다. 한 차원 더 높이 성숙하기 어렵다. 엄격히 말한다면 우리나라가 채택하고 있는 민주주의 제도는 한국의 문화적 토양에서 자생한 제도가 아니다. 서구의 산물이고 서구에서 진화해 온 통치방식을 이식(移植)한 것이 곧 우리나라의 민주주의 제도이다. 따라서 우리의 전통 문화와 썩 어울리지 못하는 측면이 있는 것이 사실이다. 우리나라의 민주주의 나무를 잘 키워내기 위해서는 새로운 문화적 기질을 양성해야 할 필요성이 바로 여기에 있다. 다행히도 문화 역시 변화한다. 지금 우리가 경험하는 한국문화는 조선조 말의 문화보다는 현대 서구문화에 훨씬 가깝다. 그만큼 빠르게 서구화의 과정을 걸어왔다. 이것은 우리나라의 시민문화도 민주주의에 유익한 방향으로 빠르게 조성할 수 있으리라는 가능성을 시사한다.

민주주의를 위한 문화적 기반으로서 우리가 주목해야 할 요소들은 어떤 것들일까? 가장 중요한 것은 **겸손과 타협의 문화**다. 민주주의는 원래 인간의 불완전성을 가정하는 제도이고 시스템이다. 아무리 똑똑한 사람도 잘못을 범할 수 있고, 아무리 선한 사람도 권력을 쥐면 타락할 수 있다고 가정한다. 누구의 주장도 완벽하지 못하기 때문에, 서로 토론하고 비판하는 과정을 거쳐 더 나은 국가적(또는 공공적) 선택에 이를 수 있다고 본다.

대화와 토론에 임해서는 상대방도 틀릴 수 있듯이, 자신도 틀릴 수 있음을 전제해야 한다. 비판도 이성적이고 근거(증거)를 바탕으로 삼아야 한다. 상대방의 의견을 존중하고, 자기를 너무 내세우지 않아야 한다. 자신의 주장만 옳다고 우기는 사람은 인격적으로나 윤리적으로 인정을 받지 못하는 풍토를 조성해야 한다. 동시에 자신을 낮추고 상대를 대우하는 사람이 존경 받는 관행을 만들어 가야 한다. 어느 판단이 더 나은지 의견이 상충할 때는, 서로가 조금씩 양보하고 타협해 새로운 판단을 만드는 것이 최선이다. 그것이 반드시 더 우수한 판단은 아닐 수 있다. 하지만 더 크게 동의를 얻는 방안일 것은 자명한 이치이다.

둘째로 중요한 문화요인은 소위 **사회자본**(social capital)이라고 부르는 것들이다. **사회적 신뢰, 준법정신, 타인을 위한 배려,** (우리 모두의 재산인) **공공재를 아끼는 마음, 애국심**, 그리고 어려운 사람을 도와주는 **이타적인 행동** 같은 것을 가리킨다. 물론 이러한 문화요인은 비단 민주주의 사회뿐 아니라 어느 사회에나 유익한 덕목들이다. 이런 경향이나 기질이 약하면 민주주의를 성숙시키는 데 그만큼 더 어려움을 겪을 가능성이 높다고 말할 수 있다.

사회자본이 부족하면, 사회비용(social costs)이 증가한다. 개개인이 지불하지는 않지만, 국민 전체가 부담하는 국가와 사회의 운영 비용이 사회비용이다. 모든 시민이 함께 손해를 본다는 의미이다. 예컨대 사회적 신뢰가 깨어졌다고 가정해 보자. 그러면 작은 부동산 매매계약에서조차 추가 공증이 필요하고, 보증인을 더 붙여야 하며, 계약위반에 대비한 공탁금을 걸어야 한다. 이런 불편과 추가 활동이 모두 사회비용을 유발한다. 법을 무시하는 사람이 많을수록, 국가의 기본인 법과 질서를 유지하기 위해 공무원, 경찰과 검찰의 수를 늘려야 하고, 교도소를 증설해야 한다. 그것은 결국 국민의 추가 부담으로 돌아온다. 민주주의의 토양으로서 사회자본이 축적되고 문화기반이 조성되어야, 이런 사회비용을 줄일 수 있다.

셋째로 들 수 있는 문화요인은 '**공공정신**(public spirit)'이다. 국가나 사회는 그것을 구성하는 시민 모두의 공공재이다. 그 공공재의 생산과 유지에 아무도 관심을 두지 않는다면, 더 성숙한 민주주의로 발전하기 어렵다. 공동체에 대한 관심과 참여, 공동체 자산에 손해를 끼치는 사람이나 단체에 대한 고발 정신, 공동체의 운용방식이나 미래에 대한 관심을 조직할 수 있는 시민사회 활동, 그리고 부정부패와 불법을 감시하는 시민정신 등이 없이는, 그 많은 사람의 불법, 부당한 활동을 모두 감시하고 처벌할 수 없다. 경찰이나 검찰만으로는 능력 부족이다. 시민의 도움이 절대적으로 필요하다.

한마디로 **민주주의는 시민의 주인의식을 필요로 한다.** 시민이 주인의식을 가져야 민주주의가 건전하게 성숙할 수 있다. 시민이 공익을 위하는 마음, 즉 공공정신 없이 이기적으로 행동한다면, 민주주의는 퇴보를 면치 못하게 될 것이다. 예컨대 공공정신이 부족하여 청년들이 군복무를 기피한다면, 이 나라를 누가 어떻게 지켜나갈 수 있겠는가?

마지막으로 **인간의 평등권에 대한 사회적 수용**을 들 수 있다. 민주주의는 자유권과 함께 평등권을 천부적 인권으로 인정하고 있다. 그러므로 민주주의 제도에는 평등의 정신이 내장되어 있어야 마땅하다. 그러나 사회적, 경제적 관계에서 평등을 보장하기는 쉽지 않다. 정치적으로나 법률적으로 평등을 보장하려고 노력하지만, 사회적, 경제적 인간관계에서는 평등이 손상되는 역학관계가 발생한다. 그래서 역설적이게도 모든 인간은 '법 앞에 평등'할 뿐이다. 법 앞에 서지 않으면 누군가 불평등을 범하고 누군가는 불평등을 용인해야만 된다는 의미이다. 문제는 불평등이 클수록 경제적으로 사회적으로 큰 사회비용을 지불하게 된다는 점이다. 단기적으로는 불평등으로 이익을 보는 사람이 있을 수 있지만, 장기적으로는 착취의 함정에 빠져 모두가 허우적거릴 수밖에 없다.

여기서 평등이라는 개념에 대해 조심해야 할 점이 있다(제8장 참고). 민주주의에서의 평등은 '기회의 평등'이지 '결과의 평등'은 아니다. 예컨대 축구팀을 만들면서 누구나 축구팀에 평등하게 참여하게 만들면, 나가는 경기마다 패하고 말 것이다. 인간에게는 역량의 차이도 있고, 기질의 차이도 있으며, 재능의 차이도 있다. 이것을 무시하자는 평등이 아니다. 민주주의에서 중시하는 것은 기회의 평등이다. 이기는 팀을 구성하기 위한 평등을 생각해야 한다. 축구를 잘하는 사람들로 팀을 구성하는 평등이다. 축구를 못하면서 (부당하게) 팀에 들어와 팀을 지게 만드는 것이 평등은 아니다.

평등이 존중되는 사회에서는 모든 사람이 이기는 팀에서 일할 수 있게 된다. 각자의 역량과 인격이 가장 잘 발휘되는 분야에서 역할과 기능을 수행할 수 있기 때문이다. 민주주의에서 평등의 문화를 중시하는 이유는 그것이 이기는 팀(조직)으로 구성된 사회를 만들 수 있게 하며, 사회의 융성과 발전을 도모하는데 유리하기 때문이다. 평등의 문화는 민주주의가 일구어낸 가장 아름다운 인류문명의 금자탑이다. (민주주의 이전에 인간을 평등하다고 본 정치체제는 없었다.)

민주주의 발전에 필요한 문화기반은 이런 요소만 있는 것은 아니다. 또 민주주의 발전에 문화요소만 필요한 것도 아니다. 그러나 우리가 성숙한 민주주의 사회로 진행하기 위해서는 무엇보다 먼저 이런 문화기반을 가꾸는 일에 깊은 관심을 가져야 한다. 더불어 이런 문화를 키워가는 일은 한낱 위정자의 몫이 아니다. 국민 한 사람 한 사람이 주인의식을 갖고 스스로 변화해 가야 한다.

민주주의는 만능이 아니다

민주주의는 그 제도의 장점과 유익함에도 불구하고, 질그릇처럼 연약해 깨어지기 쉽다. 민주주의는 민주주의 헌법만으로 실패를 막지 못한다. 민주주의의 치명적 약점이 이것이다. 20세기 후반에 이르러 민주주의 정치체제는 국민을 압제와 질곡에서 해방시켜 줄 가장 확실하고 믿을 만한 통치방식으로 옹호되었다. 수많은 나라가 민주주의의 쟁취를 위해 다양한 형태의 정변과 혁명을 마다하지 않았다. 그런데 21세기에 들어서기 무섭게 여기저기서 민주주의의 위기를 알리는 경고음이 그칠 새 없다. 심지어 민주주의의 가장 모범적인 국가라고 하는 영국과 미국에서까지 위기론이 나오고 있다. 서문에서 언급한 『민주주의는 어떻게 죽나?』라는 책은 물론이고, 영국 케임브리지 대학 정치학 교수 룬시만(David Runciman)의 『민주주의는 어떻게 끝장

나나?(*How Democracy Ends?*)』도 베스트셀러에 이름을 올렸다. 영국에서는 브렉시트(Brexit: 영국의 EU 탈퇴를 뜻하는 말로 2016년 국민투표에서 가결됨)가, 미국에서는 트럼프 대통령의 권위주의적 국가운영이 논란의 중심이다. 요즘 이런 종류의 책들이 그야말로 성시(盛市)를 이루는 모양새다.

민주주의의 위기는 선진국만의 문제가 아니다. 그동안 비교적 민주주의를 건실하게 지켜온 중진국 중에서도 강력한 지도력의 필요성을 내세우며 민주주의의 이름으로 민주주의를 망가뜨리는 사례가 적지 않다. 필리핀의 두테르테 대통령이나 터키의 에르도안 대통령, 그리고 헝가리의 빅토리 총리 등이 좋은 예이다. 이들은 군사 쿠데타가 아니라, 민주주의를 공고히 하고 국가안보를 강화한다는 명분으로 시민들의 자유를 제약하고, 옳은 비판이 아니라는 이름으로 자유언론을 억압하며, 3권분립에 의한 견제와 균형의 원리를 무너뜨렸다. 베네수엘라의 차베스 또는 짐바브웨의 무가베도 투표라는 민주적 방법으로 민주주의를 죽였다.

민주주의는, 정확히 말해, 지금까지 인류가 고안한 정치체제 중에서 **최악의 정치를 할 가능성이 가장 낮은 체제**이다. 민주주의의 장점 혹은 강점이 고작 이것이냐고 반문할지 모른다. 만일 이렇게 반문한다면 그것은 지금까지 인간이 만들어 사용한 각종 지배체제가 저질러온 죄악상이 얼마나 심각하고 처참한 것이었는지를 잘 모르는 역사의 무지를 드러내는 것이나 다름없다. 놀랍게도 민주주의가 높이 평가되는 이유는 그것이 최선의 정치를 보장해 주어서가 아니라 최악의 정치를 가장 효과적으로 막아줄 가능성을 갖고 있기 때문이다. 이 점에 대한 확실한 이해는 민주주의를 잘못 사용하지 않도록 만드는 데 필수적이다.

민주주의가 이런 면에서 어떤 정치체제보다 우월한 것은 움직일 수 없는 사실이지만, 민주주의를 제도로 정착시키기는 쉽지 않다. 민주주의 체제의 유지도 결코 용이하지 않다. 이런 면에서 민주주의는 오히려 실패 성향이나 가능성이 높은 제도이고 체제이다. 민주주의는 거의 언제나 위기 속에 있는 것이 정상이라고 말해야 할 정도다.

민주주의 위기의 원천은 민주주의의 운행원리에 내재하고 있다. 첫째, **민주주의가 허용하는 자유를 오용하거나 남용해 민주주의를 파괴할 수 있다**. 그것은 마치 병원균이 우리 몸에 기생하면서 우리의 건강을 해치고 급기야 죽음에 이르게 하는 것과 같다. 국민이 자유를 누릴 수 있도록 허용해야 민주주의인데, 그 자유 속에 민주주의를 파괴하거나 붕괴시키는 활동의 자유도 포함된다는 것은 역설 중 역설이다. 그런 활동의 유해성이 사법적으로 밝혀지기 전까지는, 그것의 유해성이 아무리 커 보일지라도 자유를 함부로 제한할 수 없도록 하고 있는 것이 민주주의이다. 그러니 누구나 자유롭게 또는 자유의 베일 뒤에 숨어서 파괴 활동을 도모하고 전개할 수 있다. 민주주의 제도의 설계자들이 이런 역설을 몰랐다고 볼 수 없다. 민주주의를 파괴할 수도 있는 활동이라고 미리 단정하고 자유를 허용해 주지 않는다면 그것은 자유의 완전한 보장이라는 민주주의의 기본정신이나 취지에 배치된다고 보았기 때문이다. 더 큰 역설은 자유를 보장하기 위한 장치가 더 공고할수록 이런 자유의 오용이나 남용의 위험성은 더 높고, 민주주의의 와해 가능성이 더 커진다는 사실이다.

민주주의는 이런 양면적 속성을 지닌 자유를 민주주의를 파괴할 목적으로 쓰는 악의적인 세력에 의해서만 위기에 빠지는 게 아니다. **민주주의의 위기는 자유에 따르는 책임을 무시하는 세력에 의해서도 찾아온다.** 원래 자유는 타인의 자유와 권리를 해치지 않는 범위에서 허용된다. 자신의 이익이나 주장을 관철하기 위해 타인의 자유와 권리를 침해하고, 그것도 다수의 힘을 동원해 무리하게 타인의 반대 목소리를 억누르고 이성적 소통을 방해한다면 타인의 피해는 물론이려니와 사회적으로도 엄청난 비용이 초래될 것은 불문가지의 일이다. 이런 일은 법치를 무시해서 이루어지기도 하고, 법치 위반은 아니지만 집단적 이성이 옳게 사용되거나 발휘되지 못해서 생겨나기도 한다. 민주주의를 공고하게 지키려면, 자유의 남용이나 오용에 대해서 철저하게 책임을 지우는 법과 제도가 마련되고 또 그것이 투명

1775년 3월 버지니아 리치몬드의 집회에서 "자유가 아니면 죽음을 달라"는 명연설로 미국 혁명에 불을 지핀 패트릭 헨리.

하게 집행되고 준수되지 않으면 안된다.

그러나 유감스럽게도, 자유의 오용과 남용을 막으려는 시도는 언제나 자유를 억압하는 도구로 잘못 쓰일 수 있는 위험을 안고 있다. 다시 말하면 자유의 오용과 남용을 막으려는 선의에서 자유의 한계를 규정하게 되면, 이번에는 자유의 한계 규정이 정당한 자유를 제한하는 수단으로 오용되고 남용될 수 있다. 그러므로 민주주의에서 균형을 찾는 일, 민주주의가 온당하게 운행되도록 하는 일은 언제나 칼날 위를 걷는 것처럼 위험스럽고 어려운 일이다.

둘째, **민주주의가 실패할 가능성은 국민의 보통선거를 통해 집권세력을 결정하는 방법에 도사리고 있다.** 선거에서 이기려면 투표자들이 좋아하는 선거공약을 제시해야 한다. 선거에 임하는 정당은 당연히 대중의 인기를 얻을 선거공약을 찾게 되고, 그러다 보면 대중영합주의적인(populistic) 공약의 유혹을 멀리하기 어렵다. 바로 여기에 포퓰리스트 정권이 들어설 가능성이 크게 열려 있다. 역설적으로 여기에 또 하나의 민주주의의 구조적 취약점이 있다. 보통선거 또는 비밀선거에서 인기영합적인 선거공약을 내세우는 정당이 유리하다면, 장차 국가에 엄청난 부담을 안기는 일에 무관심한 정당, 그래서 무책임하다고 말할 수밖에 없는 정당이 선거에서 승리할 공산이 매우 높다는 사실이다.

민주주의 정부는 의당 '국민의 뜻'을 받드는 정부이어야 하지만, '국민의 뜻'을 내세워 대중영합주의로 표류해 간다면, 이는 민주주의에 여간 심각한 위협요인이 아니다. 대중영합주의는 대부분 복지의 탈을 쓰고 나타난다. 국가의 역량이 커지면 복지정책도 확장되는 것이 정상이긴 하지만, 복지의 확대와 확장은 국가 경제력의 함수로서, 국가가 복지예산을 안정적으로 확보할 수 있는 범위에서만 정당화될 수 있다. 그런데 문제는 복지정책의 특성이다. 일반적으로 복지정책은 한번 채택되면 되돌리기 어렵다. 복지지출은 경제력이 따라오지 못해도 수행해야 하는 강요된 지불(forced payments)의 특성을 지닌다. 그러므로 국가의 경제력 증가속도가 복지지출의 증가속도를 따르지 못하면, 국가는 재정위기에 빠지기 쉽다. 국가재정으로 복지예산을 확보하지 못하면, 국가부채는 계속 증가할 수밖에 없고, 이것은 결국 미래세대에게 부담을 주고, 국가재정의 파탄으로 이어져, 정상적인 민주주의 국가를 영위할 수 없게 만든다.

수년 전 그리스가 경험한 재정위기가 대표적이다. 대중영합주의 정책으로 국가를 파탄 낸 더 분명한 사례는 베네수엘라이다. 차베스 정권이 복지확대를 위해 실시한 무수한 대중영합주의적 복지 프로그램들은 마두로 정권으로 이어지면서 정권의 유지에는 기여하였지만, 급기야 국가 파탄을 자초하고 말았다. 심각한 기아에 시달린 나머지 한 세대가 지나기 전에 국민의 평균체중이 10Kg이나 줄어들 정도라고 하니 더 할말이 없다. 최근 매우 가파르게 복지지출이 증가하고 있는 우리나라도 상당한 수준의 경제성장이 뒷받침되지 않는다면, 그리스나 베네수엘라의 전철을 밟지 않으리라는 보장이 없다.

이와 같이 오늘날 민주주의를 망치는 최대의 주범이 포퓰리즘이라는 사실, 또 그것이 위에서 본, 어찌 보면 모순적이고, 어찌 보면 구조적인, 민주주의의 취약점을 교묘하게 또 기만적으로 파고든 결과라는 사실은 참으로 아니러니컬하다. 이것이 바로 서론에서 언급한, 민주주의의 이름으로 민주주의가 붕괴하는 혹은 민주주의 국가에서 신형 독재가 출현하는 전형적인 경로이다. 대중의 선거를 통해 다수의 지지를 얻은 세력이 정치권력을 장악하는 체제가 민주주의인지라, 대중영합주의에 기반해 수많은 독재정권이 탄생하는 것은 놀라운 일이 아니다. 독일의 나치 정권이 그렇고, 베네수엘라의 차베스와 마두로 정권이 같은 방법으로 민주주의를 파괴시키고 국가를 괴멸 상태로 몰아넣었다. 우리나라에서 박정희의 유신체제도 국민투표에 근거하였다. 이들 정권은 민주주의로 치장된 민주주의 파괴의 전형이었다.

여기서 우리는 낙담하지 않을 수 없다. 허나 그렇다고 민주주의가 마냥 실패만 하고 있는 것은 아니다. 이런 모순적인 상황에서 벗어날 길은 있는가? 오늘날 비교적 성공적으로 민주주의를 영위하고 있는 국가들로부터 얻을 수 있는 교훈은 무엇인가?

민주주의의 기본 목표는 독재정부, 또는 전제적 정부의 출현을 막는 것이다. 민주주의의 각종 제도와 절차는 바로 그런 자의(恣意)적으로 통치하는 정부의 출현을 막기 위한 장치들이다. 비유하자면 인체의 면역체계와 유사하다. 그런데 인체는 병원균이 침입하여 위기에 처하면 면역체계가 작동하여 상당한 정도로 자신을 성공적으로 방어하는 데 비해, 민주주의의 면역체계는 그처럼 강력하지 않다. 그래서 실패할 가능성이 상당히 높은 편이다.

민주주의는 최소한 두 가지 원리가 원활히 작동할 때 건강성을 유지할 수 있다. 하나는 **법치주의 원리**이고, 또 다른 하나는 **견제와 균형의 원리**이다. 흔히 국민의 손으로 집권자를 직접 선출하는 것을 민주주의의 표상으로 여기지만, 엄격히 말하자면 선거를 통한 집권자의 선출만으로 민주주의가 완성되지 않는다. 직접선거에 의한 (국가)지도자의 선출은 매우 중요하기는 하지만, 민주주의의 성취 여부를 평가하는 여러 조건 또는 기준 중 하나에 불과하다. 민주주의가 옳은 민주주의로 작동하려면 최소한 법치주의의 원리와 견제와 균형의 원리가 활발하게 작동해야 한다. 이 두 원리가 작동하지 못하는 정치체제는 단언컨대 민주주의라고 말할 수 없다. 달리 말하면, 이 두 원리가 충실하게 작동하지 않으면 전제적 정부의 출현을 막기 힘들다.

첫째로 법의 지배의 원리, 즉 법치주의는 헌법과 법률에 의거한 통치(또는 정치)를 통치의 근간으로 삼아야 한다는 주장이다. 민주주의의 운영원리로서 법치주의가 갖는 의미는 심대하다. 우선 법으로 정해져 있지 않으면, 정부는 누구에게도 강제력을 행사할 수 없다. 누구의 자유도 침해할 수 없다. 한마디로 법치주의가 민주주의의 근본을 지킬 수 있는 것은 그것이 자의적인 권력 행사를 불가능하게 만들기 때문이다. 법으로 정해져 있지 않은 일과 분야에 대해서는 개인의 자유로운 활동을 전면적으로 허용하고 인정한다. 민주주의의 역사가 자유를 위한 투쟁의 역사였다고 한다면, 그 역사는 곧 법치주의를 바로 세우는 역사였다. 자유를 위한 법치주의는 국가권력을 행사함에 있어 정부의 권력행사를 최소한으로 국한할 것을 요구한다. 공적 영역에 대해서만 개인의 자유를, 그것도 법에 의해서만 제약할 수 있음을 인정한다.

한편 사적 영역에 대해서는 원칙적으로 국가가 간섭해서는 안되며, 오히려 사적 영역을 최대한 넓게 인정하고 보호할 것을 요청한다. 이 역시 법치주의의 핵심에 해당한다. 사적 영역의 자유를 인정하지 않으면, 북한이나 중국과 같은 전체주의 국가에서 보듯이 국호에 '인민민주주의'라는 수식어를 넣어 민주주의로 치장할지라도, 민주주의 국가일 수 없다. 여기서 우리는 법치주의가 민주주의의 매우 중요한 시금석임을 확인할 수 있다.

법치주의를 "법에 따른다"는 원칙만을 강조하는 것으로 보면 곤란하다. 만일 그 말이 옳다면 정부가 국회를 통해 무슨 법이든 제정하고, 그 법률에 따라 통치하면 원리에 위배되지 않는다고 주장할 수도 있을 것이다. 법치주의의 핵심은 그렇게 제정된 법이 인간의 자유와 존엄을 보호하는 적합한 내용이냐 여부이다. 아무리 국회를 통해 법으로 정했다고 하더라도 민주주의의 핵심가치를 손상하거나 그럴 위험성이 있는 내용을 담고 있다면, 적절한 법으로 치부하지 않는다. 물론 법을 제정하는 절차도 적법절차를 따라야 한다. 하지만 **더 중요한 점은 법률의 내용이 민주주의의 핵심가치를 존중하느냐이고, 이것이 법치주의의 준수 여부에 대한 판단기준이다.** 원칙적으로 이 기준에 적합하지 못한 법률은 헌법재판소의 심판 대상이 되고, 위헌으로 판결되어야 마땅하다.

법치주의는 기존 헌법 체계만 따르면 충분하다고 보지 않는다. 인간사회에는 인간이 설계하지 않은, 그러나 무수한 인간의 행동의 결과인 자연발생적 질서(spontaneous order)가 존재하며, 사람들은 이 질서에 따라 살아간다고 본다. 또 자연법사상이 주장하듯이, 인간의 자유권과 평등권은 하늘이 내려준 권리이기 때문에 어떤 정치적 이유나 법으로 파괴할 수 없다고 본다. 요컨대 법치주의는 법률 이전에 그보다 더 근본적인, 인간의 삶에 필요한 공동의 규칙이 있다고 선(先)가정한다. 또한 권력에는 어떤 한계선이 있음을 명확히 인정한다. 그러므로 아무 것이나 마음대로 법으로 만들 수 없다. 민주주의 정부의 정치가들은 법률을 제정할 때 반드시 일정한 원리, 즉 자연법적 제한을 따르고 지켜야 한다. 민주주의는 다양한 사회세력들이 오랜 세월에 걸쳐 부단히 함께 만들어가는 공유자산이라는 생각이 법치주의의 근본사상이다.

민주주의의 두 번째 원리는 견제와 균형의 원리로 이것은 권력의 분립을 전제한다. 3권분립이 가장 전형적으로 인용되는 사례이지만, 행정부의 중요한 결정이 국무회의를 거치게 하는 것도 특정 부처의 독단적 결정을 견제하는 장치이다. 지방자치도 또 다른 형태의 권력분립이다. 작은 모임이나 회사에서도 견제와 균형의 원리를 일반적으로 채택한다. 회장이나 사장이 혼자 결정하는 것이 아니라, 총회나 이사회의 인준을 받아야 하고, 감사를 두어 조직의 운영이 적절하고 적법한지 판정을 받게 한다. 민간의 작은 조직이든 국가의 큰 조직이든 독단적 전횡을 방지하고 이해당사자들이 동의할 수 있는 민주적 선택을 유도하기 위한 원리가 바로 견제와 균형의 원리이다. 또 이 원리는 상호 비판이 자연스럽게 일어나게 만드는 원리로서, 비판의 제도화를 요구한다.

예컨대 국회가 민주주의의 정신을 위배한 법률을 제정할 경우, 대통령은 거부권을 행사하여, 더욱 강화된 심의를 요청할 수 있다. 대통령을 정점으로 하는 행정부의 권한 행사가 불법적이라고 보면, 사법심사의 대상이 되어 위법 혹은 위헌 판결을 받아 무효화할 수도 있고, 입법부가 법률의 제정에 더 신중하도록 유도할 수 있다.

견제와 균형의 원리를 지키는 일은 결단코 쉽지 않다. 위에서 예를 들었던 나치의 독재나 유신헌법에 의한 독재는 큰 힘들이지 않고 사법부의 힘을 빼고 의회를 통법부로 전락시켰다. 정치권력이 국민 다수의 지지를 등에 업고 무력과 강압으로 밀어붙이면, 사실상 이를 견제할 힘이 아무에게도 없다는 사실, 따라서 권력 균형이란 것은 한낱 미사여구(美辭麗句)로 전락할 소지가 매우 크다는 사실을 웅변해 준다. **견제와 균형의 원리는 민주주의의 파괴를 막을 수 있는 방파제는 되지 못한다. 오히려 그 원리가 제대로 작동하지 못하고 있다면, 민주주의가 위기에 처했음을 알려주는 신호로 해석할 필요가 있다.**

진정으로 민주주의를 옹호하는 국민이라면, 견제와 균형이 유지될 수 있는 정치적 세력 판도를 형성하려는 의도를 가져야 한다. 그런 정치적 예지를 발휘해야 한다. 민주주의를 옳게 지켜낼 최종적인 힘은 오로지 국민에게 있기 때문이다. 국민이 현명하지 못하면, 민주주의는 악한 세력의 손아귀에서 농락을 면치 못한다. 견제와 균형의 원리는 민주주의가 옳게 운행되도록 하는 힘이다. 이 힘이 부족하면 민주주의는 망가진다.

민주주의라는 제도는 깨어지기 쉬운 질그릇처럼 연약하기만 하다. 법의 지배 원리 그리고 견제와 균형의 원리가 옳게 작동하도록 세심한 주의를 기울이지 않으면, 쉽게 탈이 나고 깨진다. 이처럼 깨어지기 쉬운 연약한 민주주의를 200년 이상 지속하고 있는 영국이나 미국의 경우를 보면, 수많은 위기를 거치면서 질그릇 같은 민주주의를 지켜낸 저력을 발견할 수 있다. 그 저력은 제도 자체보다는 비법률적인 문화에 있었던 것으로 보인다. 무엇보다도 **정치적 반대세력을 제거 대상이 아닌 선의의 경쟁자로 보고, 상호 공존하고 타협하는 관용의 문화가 먼저 눈에 띈다. 자기 세력만이 옳다는 자만과 외고집에 빠지지 않는 점도 주목할 만하다. 자기겸손과 절제야말로 민주주의의 가장 큰 덕목이다.**

한편 민주주의 국가의 시민은 애국심을 함양하고, 진리를 사랑하며, 명예를 존중하는 정신이 요구된다. 그래야만 정치지도자를 선출할 때나 정책에 대한 여론을 형성할 때에도, 왜곡된 견해를 멀리하고 절제를 지키는 세력을 지지하는 분별력을 지닐 수 있다. 이런 **사회적 양심의 힘**은 법이나 제도로 규정해서 이룰 수 없는 문화의 양식이다. 문화란 일종의 불문율로 법보다 무서운 힘을 보여준다. 민주주의를 옹호하는 문화는 공정한 규칙이 적용되고, 반대세력에도 정통성을 인정하며, 시민의 도덕적 의무를 중요하게 여긴다.

민주주의의 성숙을 위한 이러한 문화적 토양은 저절로 만들어지지 않는다. 민주시민을 키워내려는 옳은 교육이 시행되고 그것이 관행으로 자리 잡아야, 상호 존중과 관용의 문화가 형성될 수 있다. 민주주의를 건전하게 육성하기 위해서는 인간이 자식을 키우듯이 크고 작은 일에서 용의주도한 훈육의 힘이 작용해야 한다.

그렇다고 정치문화를 전체주의적으로 만들어내야 한다거나 만들어 낼 수 있다는 말은 아니다. 인간 문명의 등정에서 기본적인 도구들인 언어나 도덕이나 화폐 같은 문화적 산물이 모두 누구의 의도나 설계의 결과물이 아니라 자연발생적 질서의 산물이듯이, 자유가 허용된 다원주의 사회에서는, 물론 꽤 긴 시간이 지나가야 하겠지만, 상호 존중과 절제의 문화 역시 시민들의 자발적인 노력의 결과물로 자연스럽게 생겨날 수 있는 일이므로, 그에 유리한 방향으로 사회 분위기를 이끌 필요성을 강조하고자 할 뿐이다.

우리가 경계해야 할 것은 이런 문화의 향상을 방해하는 세력의 출현이다. 이런 세력들은 국민의 이성보다 감성을 자극하기 좋아하며, 국민의 무지와 분노를 이용해 정치권력을 잡거나 유지하려는 자들이다. 이런 자들에게 효과적으로 대응하기 위해서도 법의 지배와 견제와 균형의 원리를 상기할 필요가 있다. 민주주의를 망가뜨리고 파괴하려는 불순한 세력의 저의를 꿰뚫어 보고 옳게 판단하게 해주는 시금석이 바로 이 두 원리이기 때문이다.

명심할 것은 민주주의는 만능이 아니라는 사실이다. '국민의 뜻대로' 하거나 '국민이 원하는 것이면 무엇이나 해야 하고 또 할 수 있도록 해주는 것'이 민주주의가 아니다. **민주주의는 철저하게 원칙 위에 서 있고, 원칙을 중시하는 제도이다.** 기본에 충실한 것이 좋은 제도를 운영하는 방법이다. 민주주의는 완성된 영구불멸의 정부를 보장하지 않는다. 민주주의는 그것의 보존을 위해 끊임없이 노력해야만 잘 유지될 수 있다. 민주주의는 어떤 구체적인 국가 목표의 실현을 지향한다기보다는, 그런 목표를 찾아나가고 이룩해 나가는 과정과 절차에서 합리성을 유지할 수 있도록 해주는 정치체제이다.

이 책에서 우리는 민주주의의 운영원리를 설명하고, 민주주의를 실패하게 만드는 여러 가지 원인과 가능성, 그리고 현실적으로 목격되는 위험성에 경고의 메시지를 보내는 데 초점을 맞추었다. 특히 민주주의에 내장된 메커니즘 때문에 실패를 불러들일 가능성에 주목하였다. 하지만 민주주의의 실패를 불러오는 요인은 이것만이 아니다. 오늘날 격변의 저변을 이루는 외부요인에도 관심을 기울일 필요가 있다.

먼저 오늘날의 세계화 조류는 민주주의의 장래에 상반된 영향을 미치고 있다. 사상의 자유화를 촉진하는 점은 긍정적인

면이다. 사상은 국경을 모른다. 정치, 사회, 경제 제도 및 시스템 경쟁이 전 지구적으로 진행되고, 이에 따라 글로벌 스탠다드(global standard)라는 것이 막강한 힘을 발휘하는 세상이 되었다. 세계화의 이런 측면은 민주주의의 장래에 밝은 빛을 비추고 있다고 말할 수 있다. 반면에 세계화는 민주주의에 커다란 위협요인이 되고 있기도 하다. 민주주의는 보통 한 나라를 관할권의 범위로 삼는다. 외국이나 외국인에 대해서는 조약이나 협정을 통해 한정적으로 통치권이 적용된다. 그런데 현재 전개 중인 세계화는 국가의 경계를 무력화시키고 있으며, 기업들은 전 세계를 하나의 시장으로 활동하고 있다. 다국적 기업의 규모는 웬만한 크기의 국가의 역량을 넘어서고 있다. 세금을 포탈하면서 기업이익만 챙기는 경우도 많고, 또 그렇게 얻은 엄청난 규모의 기업이익은 소득불평등 심화의 원인으로 지목되기도 한다.

다국적 기업의 활동에 대하여 국내법에 의한 법치주의를 적용하기는 무척 곤란하다. 기업 활동이 국가의 통치권을 우회하는 경우가 허다해서다. 예컨대 구글의 인터넷망이 국가의 법령이나 통치권을 비껴가는 데서 발생하는 분쟁을 자주 접하게 된다. 거대 다국적 기업의 활동은 국내의 민주적 국가운영에 장애요소로 작용할 수 있다. 외국에 사이트를 둔 도박 사업이나 외설 프로그램에 적절한 규제의 힘이 미치지 못할 뿐 아니라, 이들이 다른 나라의 법치주의에 무조건 순응할 이유도 크지 않다.

세계화의 진전에 따라 알카에다와 같은 국가전복 세력의 영향을 차단하기도 힘들어졌다.

민주주의를 위협하는 외부적 요인으로 더 심각한 것은 금세기의 거대하고 급격한 기술혁명이다. 가장 분명한 것은 디지털 기술을 기반으로 하는 정보통신기술혁명이고, 또 다른 분야는 분자생물학을 기반으로 하는 생명공학기술혁명이다. 이 두 가지 기술혁명은 인류의 생활방식을 송두리째 변형시키고 있다. 인공지능(Artificial Intelligence: AI), 로봇에 의한 인간 노동의 대체, 스마트 기계의 출현, 빅 데이터 알고리즘(big data algorithm), 중앙은행의 화폐를 대체하려는 블록체인(block chain) 가상화폐, 통제할 수 없는 정보 네트워크 속에 기생하는 가짜 뉴스와 프라이버시(privacy) 침해, 국경에 구애 받지 않고 활동하는 해커(hackers)들의 불법행위 등등 열거하기조차 힘들다.

인간 게놈 정보의 활용범위와 데이터베이스 관리, 인간 장기 이식의 범위와 종간 장기 이식, 생명공학을 이용한 새로운 생명 종의 생성(이나 발명?), 유전체 이식을 통한 변종 먹거리의 생산, 우생학 기술을 이용한 맞춤 아기의 출현, 대리모를 통한 분만 등의 기술은 인간의 삶의 모습을 심각하게 변형시킬 수 있는 생명공학기술이다. 최근 정보통신기술과 생명공학기술이 융합되면서 더 급격한 변화가 초래될 것으로 예상된다.

이처럼 속속 출현 중인 첨단기술이 인간의 삶의 양상에 어떤 충격을 줄지는 심히 불확실하다. 그것이 민주주의의 장래에 미칠 영향도 지금으로서는 예측이 쉽지 않다. 제기되는 문제들은 매우 공공적인 성격의 문제들이지만, 이런 문제들을 다루는 데 민주주의가 과연 적합한 의사결정 체제인지 많은 의문이 있을 수 있다. 더 근본적으로 어쩌면 민주주의라는 정치형태가 새로운 삶의 양식에 더 이상 적합하지 않은 세상이 도래할 수도 있다.

사진/그림 출처

14p ⓒJulieta39
17p ⓒGage Skidmore
32p ⓒSherwood Lithograph Co.(Library of Congress 소장)
38p ⓒUK government
45p ⓒJoseph Martin Kronheim
48p ⓒDeval Kulshrestha
56p ⓒHoward Chandler Christy(미 의회 소장)
62p 위키피디아
72p ⓒChristian Michelides
84p ⓒNCVO London
90p ⓒ박인기
98p ⓒJean-Jacques-François Le Barbier(Musée Carnavalet 소장)
113p ⓒRuth Hartnup(런던 정경대학 소장)
131p ⓒPinélides A. Fusco
137p ⓒHarald Groven
147p ⓒ류연태
152p ⓒHorst Ziegenfusz(The Archiv der Deutschen Frauenbewegung)
161p ⓒFranz Karl Leopold von Klenze(독일 뮌헨 Neue Pinakothek 소장)
164p ⓒMarc Schlumpf
170p ⓒMarkus Szyszkowitz
183p ⓒ서울대학교 한국학중앙연구원 규장각 소장. 문화재청
190p ⓒopenDemocracy
202p ⓒTom Merry(Wellcome Collection gallery 소장)
208p 한국정책방송원 자료.
221p ⓒCurrier & Ives

필진 소개

김영평은 고려대학교 정경대학 행정학과 명예교수이다. 고려대학교 법학과, 서울대학교 행정대학원 졸업 후, 미국 인디애나대학교에서 미국 TMI 원전사고 이후 정책수정을 오차수정의 차원에서 어떻게 정당화하는가에 대한 주제로 정치학 박사학위를 취득했다. 1983년부터 2009년까지 고려대 행정학과 교수로 재직하면서, 정책이론, 정책평가, 산업사회의 안전정책, 그리고 정책과 갈등 등을 강의했다. 한국행정연구원 원장(1998-2000), 한국행정학회장(2002), 한국원자력정책포럼 이사장(2003-2018) 등을 역임했다. 주요 저서로는 『불확실성과 정책의 정당성』(1991, 고대 출판부), 『행정개혁의 신화와 논리』(공편, 1993, 나남), 『유교문화의 두 모습』(공저, 2004, 아연출판부), 『정책 성공과 실패의 대위법』(공저, 2006, 나남), 『다산의 행정개혁』(공편, 2010, 대영문화사) 등이 있다.

최병선은 서울대학교 행정대학원 명예교수이다. 서울대학교 경영학과 및 행정대학원 졸업 후 미국 하버드대학교(케네디스쿨)에서 한국의 1970-80년대 경제정책 개혁 추진과정을 주제로 정책학 박사학위를 취득했다. 제18회 행정고시 합격 후 전라북도 도청(1977-79년)과 상공부(1979-1981년)에서 근무한 경력이 있으며, 1988년부터 2018년까지 서울대학교 행정대학원 교수로 재직하는 동안 규제정책, 통상정책, 규제제도연구 등을 강의했다. 한국규제학회장(2002-2004년), 한국정책학회장(2004년), 규제개혁위원회 위원장(2008-2009년) 등을 역임했다. 주요 저서로 『정부규제론』(1992, 법문사), 『행정개혁의 신화와 논리』(공편, 1993, 나남), 『무역정치경제론』(1999, 박영사), 『다산의 행정사상』(공편, 2010, 대영문화사) 등이 있다.

배수호는 성균관대학교 행정학과 및 국정전문대학원 교수이다. 경희대학교 행정학과 졸업 후 미국 텍사스대학교(오스틴)에서 행정학 석사학위를, 노스캐롤라이나대학교(채펄힐)에서 미국 지방정부의 환경서비스와 재정에 관한 주제로 박사학위를 취득했다. 이후 뉴욕주 록펠러 정부학연구소에서 Research Scientist, 샌프란시스코주립대학교 행정학과 조교수로 재직했고, 뉴욕주립대(올바니)에서 Fulbright 학자(2015-2016년)로 근무했다. 주요 관심분야는 동양행정철학, 지역공동체, 환경정책, 지방재정 등이며, 저서에 『산림공유자원관리로서 금송계연구: 公有와 私有를 넘어서 共有의 지혜로』(공저, 2018, 집문당) 등이 있다.

구민교는 서울대학교 행정대학원 교수이다. 서울대학교 외교학과 및 행정대학원 졸업 후 미국 존스홉킨스대학교에서 국제정치경제 석사학위를, UC 버클리에서 동아시아 영토분쟁을 주제로 정치학 박사학위를 취득했다. 이후 남가주대학교(USC) 박사후연구원, 연세대학교 행정학과 조교수로 근무했고, 하버드-옌칭연구소 방문학자(2015-2016년)를 역임했다. 연구 및 교육 관심 분야는 동아시아 정치경제, 국제통상, 해양안보, 해양사, 해양법 등이다. 주요 저서로 『국제무역의 정치경제와 법』(공저, 2019), The Korean Government and Public Policies in a Development Nexus: Sustaining Development and Tackling Policy Changes - Volume 2(편저, 2017, Springer) 등이 있다.

이민창은 조선대학교 교수이다. 조선대학교 행정학과 졸업 후 조선대학교 대학원에서 행정학 석사학위를, 서울대학교 대학원에서 정책변동의 제도론적 분석을 주제로 행정학 박사학위를 취득했다. 미국 인디애나대학교 방문학자(2008-2009년)를 역임했다. 연구 및 교육 관심 분야는 규제제도이론, 정부규제와 공공갈등 등이다. 주요 저서로 『성공하는 정부를 위한 국정운영: 민주적 공화주의 관점』(공저, 2018, 박영사), 『2018년도 규제정책사례연구』(공저, 2018, 경성문화사), 『새행정학』(공저, 2014, 대영문화사), 『공정사회와 갈등관리』(공저, 2013, 법문사) 등이 있다.

이혁우는 배재대학교 행정학과 교수이다. 고려대학교 영어영문학과를 졸업하고 서울대학교 행정대학원에서 지원정책의 규제적 속성을 규명하는 연구로 박사학위를 취득했다. 이후 규제개혁위원회 전문위원을 역임하였다. 2010년부터 현재까지 배재대학교 행정학과 교수로 정책학과 규제정책 등을 강의하고 있다. 주요연구로는 '정책사례연구대상으로서의 예기치 못한 결과(2009), 『실패한 정책들: 정책학습의 관점에서』(공편, 박영사, 2015), The Experience of Democracy and Bureaucracy in South Korea(공편, Emerald Publishing)(2017) 등이 있다.

김서영은 콜로라도덴버대학교 공공정책학과의 연구원(Scholar-in-Residence)이다. 연세대학교에서 행정학과 경제학을 전공한 후 서울대학교 행정대학원에서 석사학위를, 플로리다주립대학교에서 행정학 박사학위를 취득하였다. 연구 및 강의 분야는 정치경제, 정책분석, 근거중심 정책결정(evidence-based policymaking), 자료과학 (data science) 등이다.